신의 비밀, 징조

그 징조는
어떤 미래를
알려주는가?

신의 비밀,
징조

초운 김승호 지음

쌤앤파커스

차례

시작하며 _ 점치지 말고 징조를 해석하라   8

1. 징조, 미래를 아는 가장 쉬운 방법

날씨예보처럼 징조를 읽으면 운명이 보인다   17
그저 일회성 우연일까, 운명을 알려주는 징조일까?   22
미래는 조용히 찾아온다   27
　　자연을 살피고 미래를 가정해보는 습관
　　별일 아닌 것에 운명의 힌트가 숨어 있다
　　이것은 징조일까? 아닐까?

큰 사건 앞에는 큰 징조가 온다   35
　　뜻밖의 선물은 좋은 징조다
　　현상만 보지 말고 그 속에 깃든 앞날을 보라

중요한 것은 뜻이 같다는 것   41
　　기억에 남을 만한 특별한 사건인가?
　　얼핏 보기에 다른 사건도 뜻이 같으면 같은 사건

위험한 운명을 경고해주는 징조   48
　　미리 알면 얼마든지 피해갈 수 있다
　　불쑥 나타나는 위험한 징조

큰 운명도 사소한 징조로부터 시작된다   54
     빗자루와 칫솔이 부러진 날

흉하고 황당한 일은 나쁜 운명을 예고한다   60

2. 그 징조는 어떤 미래를 알려주는가?

행운의 느낌은 편안하고 강렬하다   67
     "나는 계속 운이 좋아질 것이다."

왠지 뭐든 잘될 것 같은 느낌도 징조다   73
     새는 재물과 튼튼한 미래를 뜻한다

모자는 지붕이고, 지붕은 권위와 출세를 의미한다   79
     가지런한 치아는 좋은 운명까지 불러온다

만사가 제자리를 찾으면 운명도 편안해진다   86
     아름다운 것은 기분 좋은 운명을 끌어당긴다

애인은 언제, 어디에서 오는가?   92
     사람의 행동은 그 자체로 확실한 징조다

돈의 흐름을 막으면 운도 막힌다   97
     지나친 절약은 운을 고립시키고 영혼을 위축시킨다

좋은 땅에서 좋은 기운이 나온다   103
     도로가 반듯하고 깨끗한 동네를 선택해야 하는 이유
     장소가 주는 좋은 기운으로 사람 고민 해결

운을 바꾸려면 숨통이 트이는 장소로 가라   110
     비탈길을 너무 오래 보면 영혼도 기울어진다
     통로가 시원스럽지 못하면 운도 막힌다

3. 운명이란 무엇이고, 징조는 어떻게 발생하는가?

신은 왜 인간이 미래를 아는 것을 금지시켰나?   121

미래를 슈퍼컴퓨터로 계산해서 알 수 있을까?   125

　정해져 있지 않은 미래는 어떻게 존재하는가?

미래란 알 수 없는 방법으로 존재하는 '확률'이다   131

　우주의 삼라만상은 어떻게 만들어졌나?

세상은 인간이 관찰할 때만 존재한다   138

　운명을 바꾸거나 새로 만들 수 있나?

인과성도, 연속성도 없는 사건을 해석하는 법   144

영혼은 무엇이고, 어디에 있는가?   148

　출생과 함께 사라지는 영혼의 초능력

확률은 공평한가?   155

　선각자들은 어떻게 미래를 내다보았나?

점이란 수련이고 수련하면 실력이 향상된다   161

인간이 만들어낸 미래는 오지 않는다   165

　운명의 흐름을 시간의 단편에서 추리하는 것

4. 징조를 해석해 운명을 바꾸는 법

최선을 다하면 좋은 운이 오는가?   173

　점은 자연의 법칙이지 기적이 아니다

운명을 개선하는 여행   179

지금 너무 바쁘다면 운명이 나빠지고 있다는 뜻   184

　요동 치는 영혼을 쉬게 하라

운의 흐름을 끊으면 역풍이 돌아온다 190

비굴하고 천박한 인간 등급에서 벗어나라 194

착한 사람은 왜 잘살지 못하는가? 199

　　　타인을 이롭게 하는 존재는 보호받는다

말이 곧 그 사람의 인격이다 205

　　　말이 많은 것은 우주에서 가장 나쁜 버릇

꿈에서 만난 조상님과 로또 당첨의 상관관계 210

마음의 크기는 반성의 크기 214

불확실한 순간에 마지막 1%를 끌어오는 용기 219

　　　지독한 오해를 받고 나면 좋은 일이 생긴다

우주는 모순이 없는 존재다 226

　　　주면 받게 되고 빼앗으면 주게 된다

방심하지 않고 견디면 나쁜 운명도 지나갈 수 있다 231

나쁜 운명은 가랑비처럼 소리 소문 없이 파고든다 236

운명의 흐름은 다발로 이루어져 있다 240

　　　우연이란 사실 우연히 발생하지 않는다

미래에서 온 신호 246

결국 운명 역시 우리 자신의 책임이다 250

마치며 _ 우리는 미래를 알 수 있고 바꿀 수 있다 253

점치지 말고 징조를 해석하라

우리나라 속담에 "하나를 보면 열을 안다"는 말이 있다. 이는 인간의 성품에 대한 이야기인데, 그 사람의 못된 행동 하나를 보면 나머지도 미루어 알 수 있다는 뜻이다. 또 그 사람의 착한 행동 하나를 보면 다른 면에서도 착할 것이라는 뜻이기도 하다. 아마 대부분 그럴 것이다.

그런데 이것을 다른 면에도 적용해볼 수 있다. 가령 재수가 나쁜 사람은 종종 좋지 않은 일이 생기는데 그것이 바로 그 사람의 '운명의 모양'이라는 것이다. 이런 것을 《주역》에서는 '징조'라고 말한다. 한 가지 단서로부터 다른 사실을 짐작할 수 있을 때, 그 단서를 '징조'라고 부른다. 왠지 알 수 없는 흉측한 일이 벌어지면, 그것을 시작으로 나쁜 일이 연이어 발생할 수 있다는 뜻이기도 하다.

옛 도인들은 흔히 '징조'를 해석하여 앞날을 예언하기도 했다. 이는 《주역》에서 미래를 알아내는 데 많이 쓰인다. 미래를 아는 방법은 두 가지다. 첫째는 점을 치는 것이고, 둘째는 징조를 해석하는 것이다.

예를 들어 설명해보겠다. 나의 지인 A는 성품이 아주 귀한 사람이었다. 그 사람은 척 봐도 귀티가 났고, 관상가가 보면 필경 그의 미래가 훌륭하게 풀린다고 예언할 것이다.

한번은 이런 일이 있었다. A가 친구와 단둘이 술을 마시는 중이었다. 계절은 화창한 여름날, 한가롭고 정다운 풍경이었다. 그런데 어디선가 바람이 불어와 먼지와 함께 꽃잎이 휘날렸다. 이때 공교롭게도 A의 술잔에 꽃잎이 떨어졌다. 반면 맞은편에 앉은 A의 친구는 먼지가 날아와 얼굴을 찌푸렸다. 참으로 대조적이다. 같은 장소에 있는 두 사람의 상황이 정반대로 엇갈린 것이다. 한 사람은 자연으로부터 꽃잎을 선물 받고, 다른 한 사람은 먼지가 들어가 눈이 따가웠다.

재미있는 일이고 흔히 있을 수 있는 일이다. 그러나 그냥 웃고 넘길 일은 아니었다. A는 며칠 후 선거에 이겨 국회의원이 되었고, 친구는 언제나처럼 일이 자꾸만 꼬이고 있었다. 징조란 이런 것이다. 우연에 숨어 있는 대자연의 섭리인 것이다.

여기서 잠시 '점(占)'에 대해 알아보자. 흔히들 '점을 본다'거나, '점을 친다'고 말한다. 과거를 알아맞히거나, 앞날의 운수 혹은 길흉을 미리 살펴보는 일이다. 점술가, 점성술 같은 말을 들어보았을 것이다. 점이란 미래의 일을 알아내기 위해 사람이 일부러 행위를 일으킨 것이다. 물론 점을 치는 순간, 대자연으로부터 미래를 점지받는다. 점에 대한 논리는 뒤에 가서 자세히 설명하겠다.

여기서 알아둘 것은 이것이다. 점은 인위적이고 징조는 자연 발생이다. 징조와 점은 이런 차이가 있다. 점은 인간이 하늘에 묻는 것이고, 징조는 묻지 않았는데 하늘이 미래의 일을 얼핏 보여주는 것이다. 둘 다 미래를 알아내는 유용한 방법이라고 할 수 있다.

우리는 종종 점을 치고, 항상 징조를 받으며 살아간다. 그런데 징조에 대해서는 크게 의미를 두지 않고 그냥 '그런가 보다' 하고 넘어간다. 이것은 인생에서 굉장한 낭비다! **하늘은 항상 미래를 보여주는데 왜 사람은 이것을 놓치고 사는가?** 징조는 흔하다. 아니, 모든 것이 징조라고 할 수 있다. 물론 자연현상 중에는 그저 아무 뜻 없는 우연도 있기는 있을 것이다. 그러나 간혹 출현하는 징조도 분명 존재한다.

한 가지 사례를 더 살펴보자. 사업가인 B는 매사에 성실한 사람이다. 어느 날, 일을 마치고 귀가하던 중 그는 두 갈래 길 앞에 섰다. 한쪽은 좁은 골목길이고 다른 한쪽은 넓게 트인 길이 이어져 있다. B는 항상 훤히 트인 길을 이용해왔다. 넓고 훤한 길이 좋았기 때문이다. 그런데 그날따라 B는 괜히 마음이 위축되고 새로운 길로 가보고 싶었다. 그래서 그는 평소 다니지 않던 후미진 골목길로 들어섰다. 좁은 길이었지만 한적했고, 나름대로 편안함을 느꼈다. 잠깐이나마 이쪽 길로 들어서기를 잘했다고 생각했다. 특별한 의미는 없었다. 그저 집으로 가는 길이 심심하지 않기만 바랄 뿐이었다.

방금 B가 들어선 좁은 골목길은 이 동네에 이사를 온 후 처음으로 가본 길이었다. 골목은 깨끗했다. 이제 골목길이 막 끝났고, 밖으로 나서면 집이 보일 것이다. 그런데 작은 사건이 하나 벌어졌다. B가 골목 밖으로 나서는 순간, 마침 지나가는 오토바이를 만났다. 그 오토바이는 빠른 속도로 달리던 중 근처에 있는 물웅덩이를 통과했다. 거리에 사람이 없었기 때문에 조심성 없이 달렸던 것이다.

B는 무심코 골목을 빠져나왔는데 이때 마침 그 오토바이가 지나가며 물을 튀겼다. B는 난데없이 물벼락을 맞았다. 오토바이가 빠르게 지나갔기 때문에 상의까지 온통 젖고 말았다. B는 버럭 소리를 지르려 했으나 오토바이는 벌써 사라지고 없었다. B는 투덜대며 집으로 들어갔다. 그나마 귀갓길이어서 다행이지 출근길이었으면 낭패를 볼 뻔했다.

B는 집으로 들어서자마자 젖은 옷을 벗었다. 왠지 기분이 안 좋았다. 마침 이 옷은 아침에 세탁소에서 찾아온 것으로 며칠 더 입을 수 있었기 때문이다. B는 혼자 투덜거렸지만 어쩔 수 없는 일이다. 기분은 잠시 나빴지만 그리 큰일은 아니지 않은가.

그런데 다음 날 아침, 일이 생겼다. 계약이 성사되기 직전이었던 일이 있었는데 난데없이 연기가 된 것이다. 그리고 며칠 뒤 그 계약은 결국 무산되었다. B는 몹시 허탈했다. 재수 없는 일이 발생한 것이 오토바이 사건과 결부된 느낌도 들었다. 하지만 모든 것이 운명이었다. B는 며칠 후의 운명을 하늘로부터 미리 예고를 받았던 것이다. 물론 B가 이렇게 생각한 것은 아니고, 전문가의 입장에서 볼 때 징조는 발생했고 그것이 맞아떨어졌을 뿐이다.

징조는 이런 식으로 나타난다. 그것이 징조인 줄도 모르고 나타나지만, 사람은 경계심을 가질 겨를이 없다. 왜 그럴까? 경계심은 어떻게 가져야 하는가? 그리고 어떻게 대비해야 하는가? 이 책은 바로 이 질문에 대한 답이다. 징조가 무엇이고, 왜 발생하며 어떻게 나타나는지, 그리고 어떤 징조가 어떤 미래를 예고하는지, 징조를 어떻게 해석하는지, 또 징조를 읽고 운명을 어떻게 개선할 것인지를 알아볼 것이다.

미래를 안다는 것은 누구에게나 매우 유용하고 유리하다. 그것이 여러 날 후이든, 바로 잠시 후에 나타나든 각오나 대비를 할 수 있기 때문이다. 단지 징조를 알아차리기가 어려울 뿐이다. 그러니 평소에 경계를 놓지 말아야 할 것이다. 공자는 말했다. 군자는 운명을 두려워한다고 말이다.

물고기는 물에 살고 사람은 기운(氣運)의 바다에 산다. 일상은 징조로 가득 차 있고, 모든 사물과 사건에는 뜻이 담겨 있다. 조금만 관심을 가지면 징조가 알려주는 뜻이 보인다. 운명은 가볍게 볼 것은 아니지만 그리 두려워할 것도 아니다. 일기예보처럼 힌트를 주기 때문이다. 바로 그 운명의 힌트이자 신의 비밀인, 징조의 세계에 오신 걸 환영한다.

1

징조,
미래를 아는
가장
쉬운 방법

날씨예보처럼 징조를 읽으면 운명이 보인다

세계적인 정신분석학자 칼 융은 생태계에 빈번하게 일어나는 우연한 현상에 주목했다. 그는 특히 2가지의 우연한 현상이 짝을 이루어 발생하여 모종의 의미를 형성하는 것에 깊은 관심을 두었다. 보통은 이것을 '우연의 일치'라고 하는데, 어떤 경우 우연의 일치는 특이한 현상을 동반한다. 예를 들어 항구에 정박한 어느 배에서 쥐떼가 집단으로 탈출하는 것이 목격되었다. 그런데 그 후에 그 배가 바다에 나갔다가 침몰하고 말았다. 쥐떼의 이동과 배의 침몰, 왠지 두 현상은 모종의 연관이 있는 것 같다.

일상생활 속에서도 우연의 일치는 생각보다 빈번하게 일어난다. 이에 대해 칼 융은 의미를 부여하고자 했다. 과연 쥐떼의 탈

출과 배의 침몰은 어떤 관계가 있을까? 융은 이런 현상을 '동시성 (syncronicity)'이라고 명명했다. 그리고 그런 현상들은 '의미가 있다'고 했다.

융이 어느 날 점을 쳤더니 어머니를 상징하는 괘상이 나왔다. 그런데 마침 그날 어떤 환자가 찾아와 어머니 문제를 호소했다. 점괘가 맞은 것이다. 점이란 과학적으로 보면 우연의 일치일 뿐이다. 그런데 그것이 후에 실제 사건과 연관성이 생긴다면, 이는 동시성이라고 부를 수 있다.

융은 우연의 일치, 즉 동시성에는 분명 특별한 이유가 있다고 믿었다. 그는 후에 이 현상에 대해 깊게 연구했고, 많은 과학자가 그 연구에 참여했다. 개미가 홍수가 날 지역에서 집단적으로 벗어나는 것이나, 새 한 마리가 아무 이유 없이 새떼를 모아서 어디론가 이동하는 것은 우연한 현상이며 동시성이다.

학자들은 새떼가 모이는 것에 대해 군거본능(群居本能)이라고 명명했는데, 사람이 모여 파티를 열고 싶어 하는 것도 이와 같은 현상이다. 그러나 생물의 심리 말고 무심한 자연현상이 짝을 이룬다는 것은 그저 생각 없이 보아 넘길 일이 아니다. 분명히 이유가 있다. 융은 그 이유가 정확히 무엇인지는 몰랐으나 우주 대자연에 동시성 현상이 빈번하다는 것은 인지했다. 융이 이런 현상에 주목한 이유는 미래를 알고자 하는 염원 때문이다. 동시성이란 시간차를 두고 일어나는 연쇄적 현상이므로 이를 알면 미래도 알 수 있을 것이다.

평원에 사는 한 인디언 할아버지는 머지않아 미국 기병대가 침략해올 것을 알았다. 그는 필경 동시성을 느꼈을 것이다. 동시성은 우리 주변에 얼마든지 있다. 《주역》은 이것을 연구하는 학문으로, 자연의 모든 현상에 의미를 부여한다.

과학자들은 아직 동시성에 대해 의문을 품는다. 뚜렷한 인과관계를 발견하지 못했기 때문이다. 그러나 그것은 그들이 아직 발견하지 못해서 혹은 완성하지 못해서 그렇다. 동시성은 많은 사람이 활용하고 있는 흔한 현상이다. 실제로 나 자신도 이런 현상을 통해 앞날을 예측하곤 했다. 이른바 '징조 해석'이다.

'징조'는 자연계에서 집단적으로 나타나는 현상의 한 조각을 분석해 전체를 예측하는 유용한 방법이다. 기상청에서 태풍을 예측하는 것도 일종의 동시성 해석이다. 자연현상 역시 하나가 독자적으로 일어나지 않고 여러 현상이 동반하여 일어난다. 주식투자를 해본 사람은 어떤 주식들이 뚜렷한 이유 없이 동기화되어서 움직이는 것을 종종 경험해보았을 것이다. 나는 좋은 소식이 올 것을 예측하고 기다린 적이 많았다. 그리고 그것은 상당히 빈번하게 적중했다. 어려서는 아예 이것을 취미 삼아 미래를 예측하곤 했다. 후에 《주역》을 공부하면서 자연현상의 의미를 해석하는 법을 배웠다.

융은 주역연구소를 만들어 서구 세계의 주역 연구를 선도했다. 다만 융은 동시성에 많이 주목해 개별적으로 발생하는 현상에 대해서는 더욱 깊게 연구하지 못한 듯싶다. 그러나 융은 무당이나 점쟁이들이 다루는 미래현상을 과학으로 끌어들였다는 공적이 있다. 여기서 동시성 현상에 대한 과학자들의 연구가 어디까지 진행되었는지, 그 연구의 최전선에 대해 잠깐 고찰해보자.

현대 물리학의 최첨단인 양자역학에서는 기이한 현상을 발견하고 그것의 인과성을 확실히 증명했다. 이는 '얽힘'이라는 현상인데 두 입자가 아주 멀리 떨어져 있는데도 동시적으로 움직이는 현상을 일컫는 물리학의 용어다.

예를 들어, 두 입자가 얽혔을 때는 그들이 아무리 멀리 떨어져 있어도 동시에 움직인다. 저 우주 끝에 가 있는 입자라도 동시에 움직이는 것이다. 한 입자가 어떻게 다른 입자의 움직임을 알았을까? 그리고 그것을 알았다고 해도 동시적으로 움직이는 것이 어떻게 가능할까? 그리고 그 이유는 무엇일까? 현대 과학에서 가장 신기한 현상으로 꼽히는 것이 바로 이 '얽힘 현상'인데 과학자들은 얽힘 현상이 일어나는 것을 미리 예측하기도 한다. 그러나 이런 현상에 대해 아직 더 많은 연구가 이루어져야 할 것이다.

우리의 생활 주변에 일어나는 일에 대해 잠깐 살펴보자. 예를 들어 어느 집안에서 얼마 전 조상의 묫자리를 옮겼다. 그랬더니 그 이후로 집안의 모든 일이 순탄하게 풀려나갔다. 이런 것이 바로 동시성이다. 또 나의 경우는 좋아하는 옷을 사 입었더니 그 후로 금전적인 수입이 확연히 늘어났던 경험이 있다. 그 후로 나는 아예 돈이 생기게 하는 방법으로 새 옷을 사 입기도 했다. 실제로 어김없이 돈이 생겼고, 이 방법을 통해 아주 빈번하게 성공했다. 그러나 이것은 막연히 경험에만 의존할 것이 아니다. 좀 더 심오하게 연구해야 할 것이다. 그리고 나중에 알게 된 일이지만《주역》에 그 길이 있었다. 조금 더 깊이 있는 징조의 세계로 나아가 보자.

그저 일회성 우연일까,
운명을 알려주는 징조일까?

자영업자인 C는 착실하고 양심 바른 사람이었다. 어느 날 C에게
잠깐이나마 놀라운 일이 생겼다. 자고 일어나보니 통장에 상당히
큰돈이 들어와 있지 않은가! C는 이리저리 생각해보았으나 돈이
들어올 데가 없었다. 이 돈은 도대체 누가 보냈을까? C는 궁금한
마음에 은행에 가서 자초지종을 알아보려 했다. 그러나 은행까지 갈
것도 없이 잠시 후 그 돈이 다시 빠져나갔다. 아마 누가 돈을 잘못
입금했고 은행에 신고해 금세 원래대로 돌려놓은 것 같았다. C는 몹
시 아쉬웠다. '그 돈이 정말 내 것이었다면!' 그러나 돈은 원래 주
인에게 돌아갔고 C는 헛김이 새고 말았지만 크게 실망할 일도 아
니었다. 잠시 화도 났지만 사실 그럴 일은 아니지 않은가? 실수로

들어온 돈이고 C가 손해 본 것은 전혀 없으니 말이다.

그런데 며칠 후 똑같은 일이 또 생겼다. 큰돈은 아니었지만 또 출처를 알 수 없는 돈이 슬쩍 들어왔다가 나간 것이다. 이번엔 화가 났다. 사람 놀리는 것도 아니고…. 그러나 이번에도 마찬가지로 실망할 일은 아니었다. C는 매사에 성실하고 양심적인 사람이었기 때문에 그저 김이 좀 샐 뿐이지 별일은 아니었다.

C는 금세 그 일을 잊어버리고 일상생활로 돌아갔는데, 그날 이후부터 웬일인지 장사가 매우 잘되는 게 아닌가? 그래서 실제로 제법 많은 돈을 벌게 되었다. 자신에게 일어난 일련의 사건을 연결시켜 생각해보고 C는 흐뭇해했다. 우연히 잘못 들어온 돈이 무엇인지 궁금했는데, 진짜로 나에게 돈이 들어오다니! 남의 돈이라도 나에게 들어왔다가 나가면 이는 좋은 징조이다.

C는 이후로 사업이 더욱 잘 풀려나갔고 그때의 일을 종종 자랑했다. C는 징조니 뭐니 하는 것은 잘 몰랐지만, 그날 이후로 사업이 잘되었고 좋은 결과가 나왔으니 기뻤던 것이다. 징조는 이런 식으로 찾아온다. 돈이 잘못 들어온 경우가 딱 한 번뿐이었다면 그냥 우연일 수도 있다. 그러나 두 번이나 그런 일이 일어난 것은 예사로운 일이 아니다.

징조란 원래 희귀하게 일어나는 법이다. 우연이 여러 번 겹친다거나 아주 기이한 사건들은 대개 징조다. C가 경험한 일은, 내가 봤을 때 돈이 잘 들어올 징조였다. 왜 그런지, 어떻게 그런 일이 일어나는

지를 좀 더 자세히 알아보자.

앞에서 A의 술잔에 꽃잎이 떨어졌다고 했다. 그리고 그는 며칠 뒤 국회의원 선거에 이겨 당선되었다. 그리고 B는 평소 다니지 않던 길로 갔다가 오토바이가 튀긴 흙탕물을 뒤집어썼다. A의 경우 꽃잎이 떨어진 것은 '아름다움이 품에 나타난 것'이다. 이는 《주역》에서 화택규(䷦) 괘상에 해당한다. 이 괘상은 아침에 태양이 떠오르는 기상이다. 미래도 그와 같은 형태로 전개될 것을 암시하고 있다.

반대로 먼지를 뒤집어쓰거나 흙탕물이 튄 것은 무엇인가. 이것은 《주역》에서 수산건(䷦)이라고 부른다. 답답한 현실을 뜻하는 것으로 운명은 그 방향으로 흘러간다. 그리고 B에게는 실제로 그런 일이 생겼다.

세상에 일어나는 수많은 사건은 징조일 수도 있고 아닐 수도 있다. 그저 일회성 우연에 그치는 일일 수도 있다. 하지만 우리는 평소에 징조가 나타날 가능성을 염두에 두어야 한다. 이는 결코 손해 볼 일이 아니다. 우연이면 그저 그뿐이고, 징조라면 미래를 미리 알 수 있는 것이니까 말이다. 중요한 것은 이것이다. 항상 미래를 생각하는 마음, 그리고 나에게 일어난 사건을 해석하는 습관을 기르는 것이다. 그리 어려운 일이 아니다. 《주역》을 몰라도 비슷하게 맞출 수 있게 되고, 차츰 《주역》의 괘상도 저절로 알게 된다. 그리고 세상에는 징조가 가득 차 있다는 사실도 깨닫게 될 것이다.

1 징조, 미래를 아는 가장 쉬운 방법

그런데 징조는 왜 나타날까? 이것을 알아야만 징조를 해석할 수 있다. 징조는 어째서 나타나는가? 여기에는 심오한 자연생성의 원리가 있다. 나는 지난 50여 년 동안 징조를 연구하고 그것이 자연의 한 모습임을 확연하게 깨닫는 중이다. 징조에 관해서는 2가지를 유념해야 한다. 하나는 그것이 어째서 발생하느냐(원인)이고, 또 하나는 그것을 어떻게 발견하고 해석하느냐(해석)다. 징조가 왜 발생하고, 어떻게 발생하는지는 이 책의 3부에서 자세히 다루겠다.

앞에서 C가 겪은 일은 《주역》의 괘상으로 천뢰무망(䷘)이다. 이는 하늘의 기운이 우리의 주변에 나타났다는 것이다. C의 운명이 점점 좋아지고 있다는 것을 하늘이 징조를 통해 보여주었다. 그에 따라 C의 운명은 잘 풀려가는 중이다.

천뢰무망이라는 괘상은 '하늘의 양기가 고요한 땅에 내리꽂히는 것'이다. 만물의 시작은 그런 식으로 전개된다. 또한 천뢰무망이라는 괘상의 뜻 자체가 애초에 세상에는 징조가 있다는 것을 가르치고 있다. 운명에 대해 경건한 마음을 가져야 하는 이유는 그것이 하늘로부터 내려오기 때문이다. 사람은 징조를 보고 조심스럽게 미래로 나아가야지, 무작정 미래로 달려드는 것은 매우 위험하다. 성공하리라는 보장이 없기 때문이다. 징조를 통해 우리가 가져야 할 마음은 신통함이 아니라 조심성일 뿐이다. 또한 이는 스스로를 돕는 길이 된다.

화택규
: 아름다움이 품에 나타난 것, 아침에 태양이 떠오르는 기상

수산건
: 답답한 현실

천뢰무망
: 하늘의 양기가 고요한 땅에 내리꽂히는 것

미래는
조용히 찾아온다

징조를 알기 위해서는 자연현상을 살펴봐야 한다. 예를 들어 비가 온다고 하자. 비가 한 방울씩 또는 한 움큼씩 오는가? 아니면 1제곱미터에만 오는가? 그렇지 않다. 넓은 범위에서 연속적으로 일어나는 현상이다. 태풍도 그렇다. 바람이 한 줄기만 불어오는 것이 아니라 넓은 지역에 집단으로 발생한 것이 태풍이다. 이렇듯 대부분의 자연현상은 '집단'으로 일어난다. 인간 사회에 있어 '유행'이라는 것도 실은 집단으로 일어나는 하나의 현상일 뿐이다.

징조란 이런 집단적 현상에서 비롯된다. 사물은 홀로 오지 않는다는 것, 새도 떼를 지어 날고, 유행도 집단으로 오고, 역병도 집단으로 발생하고, 운명도 잘될 때는 확실히 여러 가지가 잘되는 것이다. 딱 하나만 잘되는 게 아니라 여러 가지가 함께 술술 풀려나 간다.

반면 나쁜 것도 한 가지만 나쁜 것이 아니다. 여러 사건이 재수 없게 연쇄반응을 일으킨다. 요점은 이렇다. 자연현상은 홀로, 개 별적으로 발생하기가 매우 어렵다는 것이다. 징조란 미신도 아니 고 신비한 현상도 아니다. 오히려 징조가 아닌 것이 이상할 뿐이 다. 도대체 세상의 어떤 일이 저 스스로, 혼자서 발생할 수 있단 말 인가!

자연현상은 이웃으로 퍼져나가면서 증식되고, 자체의 세력을 유지한다. 옛날 도인들은 종종 미래를 예언하곤 했는데, 사실상 이것은 뻔한 것을 얘기했을 뿐이다. 자연현상은 미래가 어떻게 된 다는 것을 여러 방향에서 조용히 말해준다. 도인들은 그것을 해석 한 것뿐이다.

자연을 살피고 미래를 가정해보는 습관

자연을 자세히 살피면 미래와 연결된 고리를 찾는 것이 그다지 어렵지 않다. 평소에 습관을 들이는 것이 중요하다. 무슨 일이 발생 하면 그 자체만 보지 말고 이로 인해 어떤 연쇄반응이 일어나는지 살펴 봐야 한다. 무엇과 연결되어 있고, 원인이 무엇이며, 결과는 또 어떻게 될지를 넓게 살피는 것이다. 이런저런 가정을 해보고 미래에 일어날 수 있는 일을 생각해보라는 뜻이다. 물론 공연히 걱정을 키우거나 망상에 빠질 수도 있다. 그러나 10번 틀려도 1번 맞출 수 있다면 커다란 이익을 얻는 일이다.

항상 이리저리 미래를 가정해보는 습관을 들여야 한다. 앞에서 말했듯이, 군자는 운명을 두려워한다고 공자도 인정했다. 세상일은 언제 어디에서 어떤 일이 발생할지 알 수가 없다. 그래서 긴장을 늦출 수 없는 것이다. 그렇다고 해서 공연한 불안증이나 신경 쇠약 증상을 일으킬 필요는 없다. 약간씩만 미래를 염두에 두고, 두루 살피며 살라는 뜻이다. 오늘, 지금 무슨 일이 일어났는가? 이것은 무심코 넘길 일이 아니다. 모든 현상이 미래의 단서이기 때문이다.

융은 언젠가 한 여성의 미래를 예언한 적이 있다. 매우 위험하니 숲속을 거닐지 말라고 경고까지 해두었다. 하지만 안타깝게도 여성은 며칠 후 숲속에서 변사체로 발견되었다. 융은 그 여성에게서 미래를 본 것이다. 공연한 모험심, 위험이나 사고에 대한 호기심은 좋은 징조라 할 수가 없다. 세상에는 생각해야 할 일이 많은데 쓸데없는 공상까지 하는 것은 이미 미래에 일어날 사건이 그 사람에게 깃들고 있다는 뜻이다.

반면 미래를 지나치게 낙관하기만 하거나 실없이 웃고 돌아다니는 것은 미래에 액운을 만날 징조이다. 인간의 태도, 그리고 주변에서 일어나는 수많은 사건을 통해 미래를 짐작할 수 있다. 그리고 이를 통해 진중하고 영민한 사람들은 더욱 안정적으로 인생을 설계해나간다.

별일 아닌 것에 운명의 힌트가 숨어 있다

최근 며칠 들어 유난히 전화가 많이 오거나, 오래전에 연락이 끊어졌던 사람들의 소식을 전해 듣는가? 이는 혹시 어떤 징조가 아닐까? 지금 당장은 정확한 답을 몰라도 된다. 그 일과 연관된 미래를 자주 생각하는 것은 미래에 이익이 될 수 있고 좋은 취미도 될 것이다.

어떤 미래는 조용히 찾아온다. 예를 들어보자. 60대 남성인 K는 그저 평범한 가장이다. 수입은 별로 많지 않아 근근이 살아가고 있다. 다행스러운 것은 K가 아직 건강하다는 것이다. K는 나름대로 자기 일을 열심히 하면서 부자는 아니어도 성실하게 살아가고 있다.

최근 그에게 재미있는 일이 생겼다. 딸이 첫 월급을 받았다고 그에게 용돈을 준 것이다. 이런 어려운 시국에 취직한 것만도 대견한 일인데 월급을 탔다고 아빠 용돈까지 챙겨준 것이다. K는 속으로 많이 흐뭇했다. 그런데 K의 회사에서 또 재미있는 일이 생겼다. 그동안 밀렸던 임금을 받은 것이다. 어차피 받을 돈이긴 했지만 예상치 못한 현찰이 생기니 기분이 좋았다. 딸에게 용돈도 받고 회사에서 밀린 임금도 받았기 때문에 K는 지갑이 두둑해졌다.

좋은 일은 여기서 끝나지 않았다. K는 얼마 전에 친구가 하는 일을 잠깐 도와주었다. 돈을 받으려고 했던 일은 아닌데, 친구가 고맙다며 사례금을 준 것이다. 큰돈은 아니었지만 요즘 들어 자꾸만 조금씩 조금씩 돈이 생기는 듯해 신기하고 즐거웠다.

K는 앞으로도 뭔가 일이 잘 풀리는 운명으로 나아가는 것인가 하는 것까지 생각해봤다. 자신에게 일어난 일련의 일들이 기분을 들뜨게 만든 것이다. 그런데 과연 K에게 일어난 일은 징조라고 볼 수 있을까? 맞다! 충분히 징조로 볼 수 있다. 푼돈이라도 무언가 예상치 못한 돈이 자주 생기면 이는 좋은 징조다.

이것은 풍산점(䷴)이라는 괘상이다. 이것은 모든 일이 점점 잘 풀려나간다는 뜻이다. 평범하게 살아가고 있지만, 앞날은 모르는 일이다. 행운이란 뜻밖에 찾아오기 때문이다. K는 그 후 회사에서 진급을 했고, 딸이 스스로 벌어 쓰니 살림살이도 전보다 훨씬 나아졌다. 이것은 앞으로 좋은 운명으로 가는 징조의 시작이다. 징조는 이렇게 찾아온다. 별일 아닌 것에서 운명을 엿볼 수 있는 것이다.

이것은 징조일까? 아닐까?

L에게는 자식이 둘 있는데 둘 다 대학생이다. 그렇다 보니 학비가 만만치 않게 들었다. L은 힘겹게 자녀들의 등록금을 대는 중이다. 그런데 최근 변수가 생겼다. 3학년인 큰아이가 아르바이트를 해서 등록금을 벌었다는 것이다. 등록금을 스스로 해결할 수 있으니 더 이상 아버지가 돈을 주지 않아도 된다고 했다. 참으로 반가운 일이 아닐 수 없었다. 월급으로 사는 사람에게는 목돈을 마련하는 것이 버겁다. L은 조금이나마 짐을 덜게 된 것이다. 그런데 얼마 후 반가운 일이 하나 더 생겼다. 자동차 할부금이 드디어 끝난 것이다. 이 2가지만으로도 L의 형편은 눈에 띄게 나아졌다.

평범한 서민이라면 대부분이 공감할 것이다. 서민의 생활이란 바로 이런 것이다. 나가는 돈이 조금만 줄어도, 혹은 들어오는 돈이 조금만 늘어도 그 느낌은 몸에 와닿는다. 그런데 L에게는 이런 일들이 어떤 징조였다. L 자신은 그런 것을 몰랐지만 전문가가 보면 징조가 분명했다.

최근에 L이 경험한 징조는 바로 화지진(☲☷)이다. 화지진은 태양이 떠서 대지가 밝아지고 있는 것을 나타낸다. 징조는 이렇게 사소한 듯 불쑥 나타나 미래를 미리 보여준다. 큰아이가 아르바이트를 해서 스스로 등록금을 벌었다는 것이 어떻게 보면 대수롭지 않을 수도 있다. 그리고 자동차 할부금이 끝났다는 것도 그냥 그런가 보다 하고 넘어갈 수 있다. 그러나 이것이 징조로 작용할 때는 그 위력이 막강하다.

L은 이런 시기에 회사에서 진급을 하게 되었고, 여러모로 형편이 확 피게 되었다. 운명이란 태풍처럼 찾아오기도 하지만 조금씩 천천히 찾아오기도 한다. 징조도 그런 식이다. 어떤 것은 어처구니없을 정도로 기묘하고 신기한 일이 벌어지며 다가온다. 그런 것은 누가 봐도 어떤 특별한 느낌을 줄 것이고, 그 느낌을 잘 연결해 보면 다가올 미래에도 비슷한 일이 전개될 수 있다.

앞에서도 말했지만, 우리가 사는 세상에서 홀로 독립된 현상은 몹시 드문 사건이다. 자연계에서는 특히 더 드물다. 우리가 경험하는 모든 현상은 일단 징조로 보는 것이 옳다. 비록 가벼운 바람처럼 지나가는 사건이라도 그중에 징조가 있을 수 있다.

다시 강조하자면, 징조를 파악하려면 평소에 주변에서 일어난 현상들을 유심히 살피는 습관을 가져야 한다. '이것은 징조가 아닐까?' 하고 자주 생각해보는 것이다. 틀려도 그냥 재미 삼아 넘어가면 되고, 징조를 발견하게 되면 이익이 생긴다. 오늘 일어난 일은 그 자체만으로 보면 시간의 역사일 뿐이다. 그러나 거기에서 징조를 살피면 신의 비밀에 다가가는 것이 전혀 불가능한 일은 아니다. 그래서 조용히, 소리 없이 찾아오는 징조에 항상 주의를 기울일 필요가 있다.

풍산점
: 모든 일이 점차 잘 풀려나간다는 뜻

화지진
: 태양이 떠서 대지가 밝아지고 있는 것

큰 사건 앞에는
큰 징조가 온다

실제로 내가 겪었던 일을 소개해보겠다. 몇 년 전 나는 친지로부터 대단한 선물을 받았다. 이는 자랑을 하기 위해 말하는 것이 아니다. 징조의 면모를 얘기하기 위함이다. 내가 받은 선물은 고급 양주였다. 한두 병이 아니고 아주 많은 양이었다. 나는 술을 좋아하는 터라 양주를 그토록 많이 선물 받았으니 몹시 기뻤다.

그런데 나는 좋은 선물 그 자체도 기뻤지만, 그보다 더 큰 기쁨에 휩싸였다. 바로 징조였다. 나는 선물 자체를 온전히 즐기고 기뻐하기도 전에 징조가 도래했음을 알았다. 그래서 주변의 여러 사람에게 선언했다. 나에게 좋은 징조가 나타났으니 머지않아 크게 좋은 일이 생길 것이라고, 당신들이 증인이 되어달라고 말이다.

좋은 징조(선물)가 생긴 후 일주일쯤 지났을 때 징조는 실제로 나에게 좋은 운명을 끌어왔다. 귀인을 만난 것이다. 선물의 징조는 지택림(☷☱)이란 것인데 이는 사업이 궤도에 오르고 귀인을 만나 운이 좋아지거나 스스로가 귀인이 된다는 뜻이다. 내 경우는 양주 선물을 받은 후에 이 모든 것이 실현되었다.

징조란 오는 줄도 모르게 조용히, 작게 나타나기도 하지만 대단히 요란스럽게 나타나기도 한다. 그렇게 많은 양주를 한 번에 선물로 받은 것은 비교적 요란한 징조다. 이런 징조는 드문 법이고 누구나 '아, 좋은 운이 올 징조구나' 하고 알기 쉽다. 하지만 조용한 가운데 슬쩍 나타나는 징조를 놓치지 말아야 한다. 징조란 크게 나타나든 작게 나타나든 운명을 끌어내는 데는 같은 효과가 있다.

뜻밖의 선물은 좋은 징조다

비슷하지만 다른 사례를 한번 살펴보자. G는 오늘 뜻밖의 선물을 받았다. 잊고 지낸 A라는 친구가 보내온 것인데, 선물이 마음에 들었다. 그러나 선물보다 A에게서 연락이 왔다는 것이 좋았다. 물론 그것은 징조로서도 좋은 뜻이 있다. A는 2년 전에 G에 대해 오해를 하고 크게 화를 내며 연락을 끊었던 친구다. G는 오해를 풀려고 했으나 A는 듣지 않았다. 그래서 본의 아니게 헤어지게 되었는데 A로부터 연락이 온 것이다.

오해를 불러온 사건의 내용은 사소한 것이었고, 두 사람만 알고 있었다. A는 화가 풀어진 것일까? 아니면 어떤 식으로든 오해를 푼 것일까? 그것은 알 수 없었다. 하지만 G가 보기에 A는 진실한 사람으로 미래에 사업도 같이 하고 싶을 만큼 믿을 만한 사람이다. G는 아쉬웠지만 A가 그토록 심하게 오해를 하고 떠나갔으니, 이 또한 운명이 아닌가 싶었다.

G는 잊고 지냈다. 그러다가 A로부터 선물이 온 것이다. 오해로 멀어진 친구와 다시 가까워진 것은, 과거의 것이 다시 복원되는 것이 아닌가! 좋은 선물에 밝은 목소리까지, G는 이런 상황에서 지난날을 해명하지는 않았다. 그러다가 A가 다시 오해를 할까 봐 걱정되었기 때문이다. 2년 전에도 말을 잘못해서 오해가 생기지 않았나! G는 나에게 물어왔다.

"선생님, A의 마음은 무엇일까요? 화가 풀렸는지, 오해도 사라졌는지 모르겠습니다."

나는 A라는 사람을 본 적도 없고, 둘 사이에 무슨 오해가 있었는지 모르기 때문에 정확히 말해줄 수는 없었지만, A는 아마 오해도 풀었고 화도 풀린 것 같다고 말해주었다. 그리고 그 사람은 자신의 잘못에 대해 G에게 미안해하는 것이라고 말했다.

그런데 여기에 또 하나의 중요한 사실이 있다. A가 다시 연락해 온 사건은 징조다. 오해가 풀렸거나 떠나갔던 사람이 돌아온 것은 괘상으로 화뢰서합(䷔)에 해당된다. 이것은 목표를 달성하게 된다는 의미가 있다. 화뢰서합의 징조는 사실로 전개되었다. G는 A와 더욱 돈독해졌고 나중에는 사업도 같이 하게 되었다. 물론 그 사업은 크게 성공했다.

현상만 보지 말고 그 속에 깃든 앞날을 보라

생활 속에 아주 작은 즐거움이라도 자주 생기면 이는 운명이 점점 좋아지는 징조이므로 전문가가 아니라도 누구나 자기 운명을 예측할 수 있다. 반대로 왠지 짜증 나는 일이 자주 생기면 그 자체도 물론 기분이 나쁘겠지만, 앞으로 더 나쁜 일이 올 수 있으니 경계해야 한다. 누구라도 자신의 운명에 대해 조금씩은 스스로 느끼며 살 수밖에 없고, 또 그래야 한다. 육감이라고 불러도 좋고, 징조든 계시든 무엇이라고 불러도 좋다. 매일 일어나는 현상만 볼 게 아니라 그것이 가리키는 앞날을 그려보는 것이 좋다.

"오늘 이런 일이 생겼는데 이것은 무엇의 징조일까?"

이런 식으로 스스로 자문자답해보는 것이다. 나의 경우는 하루하루 일어나는 모든 일을 징조로 해석해본다. 그렇게 해서 내 운명의 흐름을 항상 짐작하며 살아가는 것이다.

징조를 해석하는 공부는 처음엔 엉터리일 수 있다. 그러나 항상 징조를 염두에 두면 어느새 운명을 짐작할 수가 있다. 좀 더 수준 높게 징조에 대해 알고 싶다면, 먼저《주역》을 공부하는 것이 좋다.

세계적인 미래 예언가 노스트라다무스는 많은 예언을 했고 그 것이 적중하여 명성을 얻었다. 그런데 그는 어떻게 미래를 예측할 수 있었을까? 혹자는 그가 그냥 미래를 보는 힘이 있다고 말한다. 서양식으로는 '텔레파시', 동양식으로 '무당의 신통함' 같은 것이라고 말할 수 있다. 그러나 노스트라다무스가 무당 같은 신통력을 발휘했다고 하면 좀 이상하지 않을까?

그는 어쩌면 징조를 통해 미래를 알아냈을 것이다. 그는 주로 미래에 일어날 대형 사건을 예언했다. 그런데 그처럼 대대적인 사건은 대개 누구나 쉽게 알 수 있는 법이다. 노스트라다무스가《주역》을 공부했다는 증거는 없지만, 그 정도의 예언력이라면《주역》이 알려주는 징조 해석도 포함되었으리라고 추측할 수 있다.

한편 이슬람교 창시자 마호메트는 성인으로서가 아니라 예언가로 일컬어져 왔다. 그는 세계가 아랍 문명을 중심으로 통일될 것이라고 예언했는데, 그것이 과연 정말로 실현될지는 두고 볼 일이다. 어느 민족이든 자기들이 세상에서 가장 잘났고 신도 자기들 편이라고 믿는다. 자신들만 구원받을 것이라는 각종 징조도 있었겠지만, 과학적으로 혹은 합리적으로 다른 민족을 설득할 수는 없었던 것 아닐까? 노스트라다무스가 세상의 앞날을 내다봤다면, 징조를 알아챘기에 가능했을 것이다.

아무튼, 다 좋다. 미래를 정확히 알 수만 있다면 방법은 상관없다. 점을 치든, 굿을 하든, 징조를 살피든, 그것은 수단일 뿐이다. 다만 점과 징조는 지구상 거의 모든 민족이 사용했던 것 같다. 동양의 경우 점의 역사가 문헌으로 기록되어 있고 또 보존되어 내려온다. 또 우리 조상들은 징조에 대해 많은 연구를 했고, 실제로 징조를 해석하기 위해 노력했다.

실제로 먼 옛날 왕들은 세상을 다스리기 위해 많은 징조를 살폈다. 아예 정부 기관 중에 징조를 살피는 기관을 따로 운영한 경우도 있었다. 그 기관이 하는 일은 특별한 게 아니다. 민심을 잘 살피고 백성들의 생활이나 유행, 풍습 등에서 미래의 운명을 유추하고자 했다. 마치 기상관측을 하듯이 세상에 널리 퍼져 있는 노래, 시, 소문 등을 널리 살피고, 그것을 통해 미래를 내다보았다. 만일 현대의 정부가 그런 일을 한다면 기상관측만큼 유용한 시사점을 얻을 수 있을 것이다.

지택림
: 사업이 궤도에 오르고 귀인을 만나거나 스스로가 귀인이 된다는 뜻

화뢰서합
: 목표를 달성하게 된다는 의미

중요한 것은
뜻이 같다는 것

세상에는 수많은 징조가 있다. 어떤 것은 국가의 앞날을 보여주는 징조여서 많은 사람과 관련이 있다. 또 개인적인 일에 관한 자그마한 징조도 있다. 여기서는 우리의 일상생활에서 항상 일어나는 일들에 대해, 그것이 의미하는 징조의 원리를 살펴보겠다. 징조 공부의 첫 단계로 삼으면 될 것이다.

P는 오늘 물건을 사러 마트에 갔다가 황당한 일을 겪었다. 물건을 사고 나서 종이봉투에 그것을 잔뜩 담았다. 그런데 물건이 너무 많았는지 종이봉투가 찢어졌다. 흔히 있을 수 있는 일이다. 욕심을 내어 한두 가지를 더 담았던 것이 화근이었다. 아슬아슬했던 종이봉투는 마침내 찢어졌고, 물건은 땅바닥에 쏟아졌다. 마트에

서 나와 조금 걷다가 일어난 일이어서 더욱 난감했다.

P는 물건을 대충 담아 넣은 후 찢어진 봉투를 끌어안고 다시 마트에 들어갔다. 이제 물건을 큰 봉투에 옮겨 담아 수습이 되었지만 기분은 좋지 않았다. 마트로 되돌아간 것도 기분 나빴고, 그보다 행인들 사이에서 길바닥에 앉아 처량하게 물건을 주워 담은 것이 망신스럽기까지 했다. 그러나 P는 금방 잊어버리고 집으로 돌아왔다. 다음부터 조심해야겠다고 다짐하면서 말이다.

그런데 또다시 일이 발생했다. 집에서 커피를 마시려다가 이번에는 찻잔이 미끄러져 커피가 쏟아졌다. 별일은 아니었다. 하지만 오늘은 매사에 침착하지 못했는지 실수가 많았다. P는 후회하고 반성했다. 마음이 다급해지면 누구나 실수하기 마련이다. 조심 또 조심해야지 하고 다짐했다.

이렇게 하루가 지나가려나 싶었는데, 얼마 후 잘못된 전화가 걸려왔다. 물론 잘못 걸린 전화를 받는 일도 일상에서 흔히 있는 일이다. 그러나 몇 시간 후 또다시 잘못된 전화가 걸려왔다. 이번엔 P도 스스로에게 화를 냈다. "오늘은 왜 이렇게 재수가 없을까?"

이렇게 생각하다 보니 화가 더욱 났고, 오래전 남편하고 다투었던 문제마저 불쑥 생각이 났다. 그런 생각까지 겹치니 더더욱 화가 났다. 하지만 P는 다시 마음을 다잡고 그냥 웃어넘기자 다짐했다. 그렇게 스스로 다독이며 하루를 보냈다.

기억에 남을 만한 특별한 사건인가?

P는 대체 무슨 일을 겪은 것일까? 이것 역시 어떤 징조가 아닐까! 물건이 거리에서 흩어지고, 커피를 쏟고, 짜증 나는 전화를 두 번이나 받고, 공연히 남편에게 분노를 품었다. 이 모든 일이 단 하루 동안 일어났다고 생각하니, 뭔가 좀 이상했다. 대부분 기억에 남을 만한 특별한 사건이 아닌가?

이런 것은 대개 어떤 운명을 미리 암시하는 징조라고 봐야 한다. 그리고 실제로 P에게 며칠 후 징조에 부합되는 사건이 터졌다. 이번에는 봉투가 찢어지거나 커피를 쏟는 것 같은 사소한 문제가 아니었다. 급하게 일을 추진하다가 큰 손해를 봤던 것이다. 계약은 성사되지 못했고 재정적 피해도 컸다. P는 나중에 친지들에게 유난히도 재수가 없던 그 날을 얘기했을 뿐, 그것이 어떤 징조였다는 것, 이어서 필연적으로 일어난 어떤 사건들을 미리 예고하는 것인 줄은 몰랐다. 지금부터 징조를 해석해보자.

P에게 하루 동안 일어난 나쁜 사건은 5회에 걸쳐 일어났다. 마트에서 봉투가 찢어진 것, 커피잔을 놓쳐 커피를 쏟은 것, 잘못 걸려온 전화가 2번, 멀리 있는 남편에게 공연히 화를 낸 것 등이다. 이것은 어찌 보면 별 연관성 없이 제각각 일어난 사건이다. 그러나 그 뜻을 살펴보면 풍수환(☴☵)이라는 괘상으로 귀결된다. 이 괘

상은 쏟아지고 분해되는 것을 뜻한다. 봉투가 찢어지고 커피가 쏟아지는 것은 분해되는 것이다. 분명히 뜻이 같다. 잘못 걸려온 전화는 제자리를 찾지 못한 것이니, 이것은 이리저리 흩어지는 것이다. 남편에게 화가 난 것은 평정심이 무너진 것이다. 이것 역시 분해된 것이다. 모두가 서로 다른 사건이지만 《주역》의 괘상으로 보면 뜻이 같다.

대자연에서 벌어지는 사건은 모두 뜻이 있다. 그리고 같은 뜻을 지닌 사건은 함께 몰려다니는 법이다. P에게 앞으로 일어날 미래의 사건은 그와 같은 맥락에서 일어날 것이다. 그렇다면 P는 찢어지고, 쏟아지고, 분해될 것이 무엇이 있는지를 살펴보고, 할 수 있다면 무언가를 미리 대비해야 한다.

얼핏 보기에 다른 사건도 뜻이 같으면 같은 사건

중요한 것은 뜻이 같다는 것이다. 앞에서 골목길을 빠져나오자마자 오토바이가 튀긴 흙탕물을 뒤집어쓴 것은, 물속에 갇혀 꼼짝하지 못하는 것이다. 이는 안개 속에 갇혔거나 어둠 속에서 잘 걷지 못한다는 뜻이다. 《주역》의 괘상으로는 수산건(䷦)이라고 한다. 비록 한 번 일어난 사건이지만 소란이 크게 일어났기 때문에 앞날의 징조로 보는 것이 가능하다.

또 앞서 잘못된 돈이 통장에 들어왔다가 나간 것은, 흔들리는 것을 의미한다. 이는 마른하늘에 연기나 번개와 같고 양의 기운(돈)이 찾아와 꽂힌 것이다. 이를 천뢰무망(☶)이라고 하는데, 좋은 소식이 온다는 뜻으로 해석되는 괘상이다. 이 사건 역시 비교적 흔치 않은 의미심장한 사건이었으므로 징조라고 볼 수 있다. 맨 앞에서 귀인의 술잔에 꽃잎이 떨어졌는데, 꽃은 아름다움이고, 밝음이며 희망이다. 술잔은 그릇(나)이며, 나의 가슴이고, 연못이다. 꽃잎이 술잔에 떨어졌다는 것은, 《주역》에서는 바다(그릇) 위에 태양이 있는 것이기 때문에 화택규(☲)라고 본다. 화택규 괘상은 진취적인 일이 발생한다는 뜻으로, 앞으로 일어날 좋은 일의 징조가 되는 것이다.

세상의 모든 일은 뜻이 있다. 얼핏 보기에 다른 사건도 뜻으로 보면 같은 것이 많다. 이를 살피는 것이 징조를 살피는 것이다. 내일 무슨 일이 일어날 것인가? 이는 오늘 무슨 일들이 일어났는가를 보면 짐작할 수 있다. 세상일은 같은 맥락의 사건이 이어지는 법이기 때문이다. 징조를 오래 살피다 보면 신경쇠약이라도 걸릴 만큼 예민해지기도 하는데 이는 또 다른 문제이다.

징조를 살피는 것은 매사에 조바심을 내라는 것은 아니고 조심스러워해야 한다는 것일 뿐이다. 그리하여 신의 비밀인 미래를 알 수 있다면 삶은 훨씬 더 풍요로워질 것이다.

앞에서 잠깐 이야기한 술 선물에 대한 징조를 살펴보자. 술은 인류의 문화에 깊숙이 들어와 있는 것으로 인류에 이바지한 바가 크다. 이는 희랍신화에 제우스 등 신들이 처음 마신 것으로 되어 있고, 특히 술의 신 디오니소스는 문화의 신으로도 알려져 있다. 술은 단순한 기호식품이 아니라 문화라는 뜻으로 해석될 수 있다. 술의 뜻은 참으로 다양하다. 그것이 인간에게 힘을 주기 때문에 천(☰)으로 분류되고 또한 풍(☴)으로도 분류된다. 이는 술이 사람의 마음을 흔들고 새로움을 주기 때문이다. 그리고 술을 아직 마시지 않았을 때는 그 자체가 즐거움이 되어 택(☱)으로 분류된다.

이처럼 《주역》의 괘상을 조금만 알아도 사물의 의미를 쉽게 이해할 수 있다. 술이 선물로 나타났다는 것은 내 운명에 즐거움이 들어왔다는 뜻이고, 특히 양이 엄청 많다는 것은 창고에 가득 쌓여 깊이가 있다는 뜻이다. 그래서 깊숙이 잠자고 있는 기쁨 즉, 깊은 연못이 되는 것이다. 그래서 술 선물의 수량이 많거나 고급 술인 경우 지택림(䷒)이 된다.

이처럼 징조란 우리의 생활 가까이, 어디에나 존재한다. 평소 취미 삼아 징조를 해석하다 보면 미래를 미리 내다보는 심오한 능력을 갖추게 될 것이다.

풍수환
: 찢어지고 쏟아져 분해되는 것을 의미

수산건
: 안개 속에 갇혔거나 어둠 속에서 잘 걷지 못한다는 뜻

천뢰무망
: 소식이 온다는 뜻

화택규
: 진취적인 일이 발생한다는 뜻

지택림
: 군림하다, 행운이 깊게 자리 잡는다는 뜻

위험한 운명을
경고해주는 징조

K는 최근 기다리던 약속이 취소되어 허탈한 기분을 느꼈다. 약속은 사업상 일도 아니고 그저 취미로 좋아하는 일이었을 뿐이다. 그것이 취소된 것이다. 약속을 취소한 사람은 원래 약속을 아주 잘 지키는 사람이었는데 부득이한 사정을 이야기하며 양해를 구해왔고, K도 충분히 이해할 만한 일이었다. 이 약속을 위해 K는 다른 일정을 모두 취소했는데 그것도 공연한 것이 되어버렸다. 이제 어쩔 수 없는 일이다. 그 약속은 처음부터 안 이루어지도록 운명지어져 있었는지 모른다.

그런데 과연 이런 일조차 운명일까? 물론 K가 이런 생각을 한 것은 아니다. 그렇다면 약속이 빗나간 것은 아무런 이유도 없단 말인가? K는 그냥 잊어버리고 지냈다. 그러던 중 애지중지하며 아끼던 물건을 분실하는 사건이 생겼다. 비싼 물건은 아니었고 다시 사면 그만이었다. 다만 그 물건을 사려면 먼 곳까지 가야 하기 때문에 번거롭게 된 것이 문제였다. 그런데 분실사건이 또 일어났다. 이번에도 역시 큰일은 아니었지만, 약속이 취소되고 나서 연이어 분실사건이 두 번이나 연달아 터지자 짜증도 났다. 그러나 이 또한 어쩔 수 없는 일이 아닌가…

미리 알면 얼마든지 피해갈 수 있다

하지만 사건이 이런 식으로 전개되면 이는 분명히 징조로 봐야 한다. 손위풍(☴)이라는 괘상인데 이 괘상은 손실이 커지고 사업이 무너질 가능성이 크다는 뜻이다. 방황이라는 뜻도 있다. K는 실제로 그렇게 되었다. 그러나 K는 징조와의 연관성을 별로 느끼지 못하고 그저 운명을 탓할 뿐이었다. 만약 K가 징조를 잘 아는 사람이라면 좀 더 조심했을 수도 있다. 사업을 점검하고 계획을 축소하거나 외출을 삼가고, 또 주변을 널리 살폈다면 피해를 줄일 수 있지 않았을까?

징조가 분명할 때, 우리는 사전에 대비책을 강구해야 한다. 운명은 사람이 그것을 미리 알아채면 얼마든지 피해갈 수 있으니 말이다. 예를 들어 고속도로에서 사고가 날 징조가 있으면 아예 계획을 취소하고 가지 않거나, 꼭 가야 한다면 자동차 대신 기차를 타면 된다.

옛날부터 많은 선각자들이 위험한 운명을 경고해주어 피해간 사례는 얼마든지 있다. 나의 경우 징조가 뚜렷할 때는 매사에 조심한다. 그리고 그 징조와 상징이 같은 일은 극력으로 피한다. 그렇게 해서 실제로 나는 수많은 위험을 피했다. 징조라고 생각했지만 사실은 징조가 아니었을 수도 있다.

또 징조에는 좋은 것도 많다. 그런 징조가 나타나면 삼가 경건한 마음으로 차분히 운명을 기다리면 된다. 좋은 징조에는 경거망동하지 말아야 하는 법이다. 옛날 선각자들은 동짓날에 외출조차 삼가지 않았던가! 이날은 '낮이 길어진다'는 징조가 시작되는 날이다. 낮이 길어진다는 것은 그만큼 '좋은 시절이 다가온다'는 뜻이므로 조용히 기다렸다. 그런 이유로 옛날 왕들은 동짓날에 성문을 굳게 닫고 행인도 단속했다.

물론 이런 일은 좋은 날을 기다리는 상징일 뿐이다. 하지만 그렇게 하면 운명은 더욱 굳건해진다. 옛말에 '매사에 살얼음 밟듯 하라'는 말이 있는데, 이것이 바로 그러한 삶의 태도다.

1 징조, 미래를 아는 가장 쉬운 방법

불쑥 나타나는 위험한 징조

P는 젊은 여성 직장인이다. 오늘 회사에서 중요한 행사가 있었다. 평소에도 종종 지각을 했던 P는 오늘은 정말 일찍 출발해야만 했으므로, 지난밤에 옷가지 등을 미리 준비해 두었다. 그런데 준비를 마치고 제시간에 집을 나서려는 순간, 옷의 단추 하나가 뚝 떨어져 버리고 말았다. 귀찮은 일이 생긴 것이다. 다른 옷으로 갈아입자니 마땅한 것이 없었다. 고르고 골라 행사에 어울릴 만한 옷을 찾아 입었는데, 하필 그 옷의 단추가 떨어진 것이다.

평소 같으면 떨어진 단추를 달면 그만이었는데, 현재 상황은 시간이 촉박했다. 그래도 어쩔 수 없어 단추를 꿰매기 시작했다. 그런데 단추를 달다가 바늘로 손가락 끝을 찔렀다. 따끔 하는 정도여서 별로 아프지는 않았지만, 단추를 다는 시간은 더욱 늘어났고 출발도 지체되었다. 서둘러 출근을 했는데 행사는 이미 시작되었고 P는 상사에게 심한 꾸지람을 들었다.

"P씨, 대체 정신을 어디 두고 다니는 거예요? 오늘은 절대 늦으면 안 된다고 며칠 전부터 신신당부했잖아요! 평소에도 그렇지 지각을 하더니, 요즘 애들은 시간관념이 없단 말이야!"

상사는 불같이 화를 내며 평소보다 더 심하게 P를 나무랐다. 이 정도면 상사도 오늘 아침에 뭔가 기분 상하는 일이 있었나 보다. 어쨌거나 행사는 이렇게 끝났다. 이 일은 P의 평상시 일상과 크게 동떨어진 것이고, 이것은 징조에 해당한다.

　괘상은 택풍대과(䷛)인데, 좋지 않은 것이다. 만약 단추가 출근하는 중에 떨어졌다면 신체가 노출될 뻔한 일이다. 물론 그런 일이 벌어지지는 않았지만, 행사에 참석하는 것 자체가 여러 사람 앞에 노출되는 것이다. 그리고 최악의 경우 단추를 달다 바늘에 찔려 다친 손가락은 상처가 덧날 수도 있었다. 사실 징조가 가리키고 있는 내용은 좀 더 심각했다.

　택풍대과는 큰 사고가 예견되어 있고 계획에 차질도 생긴다는 뜻이다. 매우 조심해야 할 것으로 길에서 자동차 사고를 조심해야 하고 사업계획이 과장되어 있지 않은지도 살펴야 한다. 주변 사람과 충돌도 예상되니 몸과 마음을 가다듬어야 할 것이다.

　징조는 이처럼 일상생활에서 불쑥 찾아온다. 그런데 이번 징조를 보면 P는 평소에도 지각을 자주 하고 조심성이 조금 부족했던 것 같다. 조심성이 없는 사람은 사고가 잦다. 앞날의 일에 조심하는 한편 오래된 습관도 되돌아봐야 한다. 단추 하나 떨어진 것은 대수롭지 않아 보이지만 이는 폭발 사고에 해당한다. 작지만 나쁜 습관이 쌓여 견디다 못해 '징조'라는 사건이 폭발하듯 발생한 것이다. 손가락이 찔린 것 또한 보통 일이 아니다. 여기서 사건의 특성을 살펴보자. 징조의 의미를 이해하기 위한 훈련이다.

　단추가 떨어진 것은 옷에 붙어 있는 배지가 떨어진 것과는 내용이 다르다. 배지는 장신구에 불과하지만, 단추는 옷을 여며 신체를 보호하는 장치다. 이것은 몸이 밖으로 나오려는 징조다. 오죽하면 단추가 떨어지며 몸이 나오려고 했을까! 손가락이 다친 것은 몸 깊숙이 있어야 하는 혈관이 밖으로 나온 것에 해당한다. 상사에게 야단을 맞은 것도 노출된 것이다. 행사에서 여러 사람이 P를 쳐다본 것도 마찬가지다. 이것은 마치 자루가 터져 위태위태한 상황과 비슷하다.

택풍대과는 연못물이 밖으로 범람하려는 상태를 의미한다. 옷이 작고 몸이 큰 경우도 똑같은 뜻이다. 이처럼 《주역》의 괘상은 어렵지 않다. 사건의 특징을 잘 살펴보면 무엇을 암시하는지 발견할 수 있을 것이다. 《주역》이란 사물 속에 들어 있는 상징을 살피는 학문으로서, 이것은 곧 만물의 뜻을 살피는 것과 같다.

손위풍
: 손실이 많아지고 사업이 무너질 가능성이 크다는 뜻

택풍대과
: 큰 사고가 예견되어 있고 계획에 차질도 생긴다는 뜻

큰 운명도
사소한 징조로부터 시작된다

어느 날, 나는 친지의 집을 방문하기 위해 그의 차를 타고 가고 있었다. 여러 번 방문해봐서 나 역시 그 길을 잘 알고 있었다. 도로는 오늘따라 시원스럽게 뚫려 있었다. 이제 불과 50미터를 앞두고 있었고, 우회전을 하면 1분 이내에 도착할 것이다. 그런데 문제가 발생했다. 도로공사를 하고 있어서 우회전이 안 된다는 것이다. 아쉽게 되었다. 우회전만 하면 곧바로 집에 갈 수 있는데…. 하는 수 없이 우리는 그 길을 지나쳐 약간 돌아가야 했다.

우회로는 공사 안내자가 지시해주었다. 저쪽으로 조금만 돌아가면 바로 이어진다는 것이다. 그러나 막상 그쪽으로 가보니 잠깐 돌아서 될 일이 아니었다. 길은 생소한 곳으로 이어졌고 한참을 헤매다가 결국 되돌아 나올 수밖에 없었다. 이제 더 먼 곳으로 돌아 아예 다른 길로 찾아가게 되었고 시간은 꽤 걸렸다. 그러나 친지는 인내심을 갖고 먼 곳을 돌아 집을 찾아갔다. 그런데 그 길은 폭도 좁은 데다가 차가 많이 다녀서 통과하는 데 애를 먹었다. 그래도 어쨌거나 집에는 도착했다.

살다 보면 이런 일은 종종 발생한다. 별로 큰 문제도 아니다. 그러나 이는 징조인 것이다. 별일 아닌 것 같은 사소한 문제로 번거로움을 겪었기 때문이다. 번거로움을 겪는 동안 접촉사고도 일어날 뻔했다. 그러나 친지는 차분하게 대처해 번거로운 시간을 무사히 지나 보냈다. 그래도 징조는 남는 법이다. 길을 돌아갔다는 것이 문제가 아니다. 번거로움이 생겼다는 것이 문제다.

출근길에 핸드폰을 집에 두고 나와 다시 돌아가야 했다거나 지갑을 두고 나와 곤란해졌다는 등의 일은 사소해 보이지만 공연히 번거로움이 발생한 것이다. 《주역》에서는 이런 일을 천풍구(☰)라고 한다. 이 괘상의 뜻은 사소한 일이 사고로 이어져 큰일이 생긴다는 뜻이다. 나는 친지에게 이 징조를 해석해 주었다. 앞으로 1주일 이상 조심해야 하고, 타인과 시비가 붙거나 싸움에 연루되면 절대 안 된다고 단단히 경고해준 것이다. 사소한 일이 순식간에 큰 사고로 연결되는 것은 무서운 일이다.

옛날에 어떤 장군이 말발굽을 잘못 끼고 전쟁터에 나갔다. 그는 얼마 못 가 말에서 떨어지고 전쟁은 패했으며, 결국 그 일로 왕국이 망했다. 전설처럼 전해져 내려온 이런 얘기가 바로 천풍구에 해당한다. 친지는 나의 경고를 귀담아듣고 며칠간 최대한 조심하며 지냈고 다행히 다른 사고는 없었다고 했다. 경고를 신경 쓰며 조심했기 때문이다.

징조는 미래에 대한 힌트를 미리 받는 것이다. 힌트를 눈치 챈 사람은 미리 조심하고 방비할 수 있다. 물론 큰 징조가 나타난 이후에는 그 징조와 연관된 미래가 반드시 찾아온다. 미리 안다고 해도 어느 정도는 피해를 입게 되어 있다. 하지만 피해를 줄일 수는 있지 않은가? 친지는 징조를 잘 받아들였기 때문에 큰 사고를 면했을지도 모른다. 물론 징조가 아니었을 수도 있다. 하지만 매사에 징조를 염두에 두고 주위를 잘 살펴서 손해 볼 일은 없다.

징조를 너무 심각하게 생각할 필요는 없다. "징조에 해당하는 어떤 일이 생기지 않을까!?"정도만 생각하면 된다. 나는 징조를 살피는 것이 습관이 되었다. 신경과민은 아니고 그저 미래를 미리 짐작하며 즐길 뿐이다. 예를 들어, 나는 길을 가다가 넘어지면 몸이 다쳤는지 살피기 전에 '이것이 무슨 징조인가?'를 잠깐 생각해 본다. 그러고는 웃는다. 상처는 그제야 살펴본다. 물론 몸의 감각으로 상처가 없다는 것을 진작 알아챘지만 말이다.

빗자루와 칫솔이 부러진 날

J는 단독주택에 사는데, 오늘은 주말이라 집에서 쉬면서 앞마당을 쓸고 있었다. 그리고 마당을 쓰는 김에 옆집 문 앞까지 치워주려고 마음먹었다. 그런데 갑자기 빗자루의 목이 뚝 부러졌다. 수습해보려고 했지만 빗자루는 완전히 부러져 더 이상 사용할 수 없게 되었다. 게다가 새 빗자루를 사오려면 먼 곳까지 가야 했기 때문에 속으로 투덜거렸다.

'모처럼 청소를 하려고 했는데 이게 무슨 일이람… 그런데 뭔가 부러진 게 오늘 두 번째잖아…?'

사실 J는 아침에 이를 닦다가 칫솔이 부러졌다. '칫솔에 이어 빗자루까지, 오늘은 무슨 일이 안 되는구만' 하면서 집으로 들어왔다. 대단한 일은 아니지만 이는 징조가 분명했다. 칫솔은 여간해서 잘 부러지는 물건이 아니다. 그런데 이것이 부러졌다. J가 과도하게 힘을 주어 그렇게 된 것이지만 그나마 잇몸을 다치지 않은 것이 다행이었다. 이어 몇 시간 후 빗자루마저 부러졌다. 오랜만에 빗자루를 들었는데 김이 샌 것이다.

J는 징조에 대해 전혀 모르는 사람이었다. 하지만 내용 자체는 분명한 징조다. 《주역》의 괘상으로는 수산건(䷦)에 해당한다. 이는 좌절과 고립, 사업이 난관에 봉착한다는 뜻이다. 하지만 J는 직장인일 뿐이고, 사업의 난관이나 좌절 같은 것은 없었다. 그러나

직장인이어도 회사에서 진급이 유보되거나 동료들과 다툼이 생겨 업무에 중대한 차질이 생길 수 있다.

그리고 칫솔이 부러진 것은 2가지 뜻이 있다. 잇몸을 다쳤다면 산풍고(☲)로 배신을 당하는 뜻이지만, 다치지는 않고 칫솔만 부러졌기 때문에 수산건이다. 빗자루가 부러진 것과 뜻이 같다. 칫솔도 빗자루와 뜻이 같기 때문이다. 징조를 해석할 줄 알았다면 J는 앞으로 다가올 곤란에 미리 대비했을 텐데, 그러지 못해 안타깝다.

생활 속에서 요란하게 오든 조용히 오든, 징조가 발생하면 그로 인한 운명의 전개를 항상 유심히 살펴야 한다. 어쩌면 그냥 지나치는 우연한 현상일 수도 있지만 징조인 경우도 많기 때문이다. **그러니 뭔가 평소와 다른 이상한 일이 발생하면 반드시 앞날을 생각해봐야 한다.** 칫솔이 부러지고 빗자루가 부러진 것이 흔치 않은 일이다. 그러므로 생각해야 한다. 나는 평소에 징조를 많이 생각하는데 10번에 1번 정도는 미래와 연결된 사건이었다. 10번에 1번이라도 미래를 짐작할 수 있다면 그 이익은 결코 작다고 볼 수 없다.

천풍구
: 사소한 작은 일이 사고로 이어져 큰일이 생긴다는 뜻

수산건
: 좌절, 고립, 난관에 봉착한다는 뜻

산풍고
: 배신당한다는 뜻

흉하고 황당한 일은
나쁜 운명을 예고한다

C는 오늘 심한 욕설을 두 번이나 들었다. 시내 한복판에서 C가 걸어 가고 있었다. 주위에 행인은 거의 없었고, 저 앞에 나이가 좀 든 사람이 걸어오는 중이다. 그런데 걸음걸이가 좀 이상했다. 술을 마신 모양인지 비틀거리며 걸어오고 있었다. C는 조심해야겠다고 생각하고 길옆으로 몸을 피하듯 걸었다. 속으로 이 정도면 별 탈 없이 피해갈 수 있으리라고 생각했다. 그러나 그 술 취한 사람은 길 한복판에서 좌우로 비틀거리며 걸었기 때문에 넉넉한 공간이 확보된 것은 아니었다. 그 사람은 점점 다가왔고 C는 빨리 지나치려고 걸음을 재촉했다. 마침내 두 사람은 매우 가까워졌고 이제 1초 후면 지나칠 것이다.

그런데 여기서 사고가 발생했다. C는 그 사람을 안 보려고 옆으로 외면한 자세로 급히 걸었다. 이것이 화근이 된 것이다. 취객이 비틀거리며 자신 쪽으로 기울어지는 것을 눈치채지 못했다. 두 사람은 가볍게 부딪쳤다. 취객은 C와 부딪쳐서가 아니라 술기운 때문에 몇 걸음 주춤하다가 땅에 주저앉았다. C는 얼떨결에 손을 뻗어 그 사람을 일으켜주었다. "어머, 미안해요." 하고 사과까지 하면서 말이다. 그러자 그가 느닷없이 욕을 해대는 것이 아닌가!

"야! 눈 똑똑히 뜨고 다녀, 젊은 것이."

C는 이 말을 못 들은 척하며 급히 지나쳤다. 그런데 그 취객은 이어서 아주 심한 욕설을 퍼부었다. 그는 "야, 이 ××아, 어딜 도망가?" 하며, 차마 입에 담지 못할 쌍욕을 해댔다. C는 뛰다시피 하여 험한 자리에서 무사히 빠져나왔다. 심장이 두근거리고 기분이 몹시 나빴다. 도대체 내가 뭘 잘못했다는 말인가? C는 애써 잊어버리고 가던 길을 재촉했다. 그러고 나서 집에 거의 다 왔는데, 이번에는 동네에서 또 한 번의 사고를 당했다. 동네 편의점에서 벌어진 일이다.

C는 가게 안에서 한참 물건을 고르다가 한 가지를 손에 쥐었다. 그러고는 계산대로 급히 와서 계산을 청했다. 그러자 주인이 큰 소리로 화를 내는 것이다.

"질서 좀 지키세요. 내 참 젊은 것이…."

또 '젊은 것'이라는 얘기를 들은 것이다. 젊은 것이 잘못이냐? C는 화가 나서 주인을 노려보았다. 그런데 바로 옆에 먼저 계산하던 사람이 있었던 것이다. 계산이 잘 안 되는지 가게 주인은 물건을 꼼꼼히 보고 있었다. C는 급한 마음에 먼저 계산대에 온 손님을 못 본 것이다. 그 손님은 주인과 마주 서 있던 것이 아니고 약간 옆으로 비켜서 있는 상태였기 때문에 미처 보지 못했다.

어찌 보면 사소한 실수일 뿐이다. 그런데 가게 주인은 너무 심하게 소리를 지르며 막말을 한 것이다. 상식에 어긋나는 짓이 아닌가! 아무리 실수를 했기로서니 C는 손님인데 말이다. 그래서 C는 따져 물었다.

"아저씨, 손님한테 말씀이 지나치시네요…."

이렇게 말하면서 언성을 조금 높였다. 그러자 주인의 제2탄이 날아왔다.

"뭐? 손님? 손님이 손님 같아야 손님이지. 너 같은 것한테는 물건 안 팔아. 그 물건 제자리에 갖다 놓고 당장 나가."

주인은 C를 밀치기라도 할 기세였다. C는 속으로 '어머, 무서워라!'라고 생각하고 가게를 도망치듯 빠져나왔다. 어느새 C의 얼굴은 눈물로 범벅이 되어 있었다. 울음이 나올 만했다. 어찌 이리 사람들이 잔인한가? C는 집으로 돌아와 문을 잠그고 엉엉 울었다. 그러나 어쩌랴. 거친 가게 주인, 안하무인의 취객 등 세상에는 안 만나고 싶은 사람들이 너무 많다. C는 한동안 울다 잠들어버렸다. 정말 황당한 하루였다. 그리고 이것은 아주 나쁜 징조이기도 했다.

이처럼 낯선 사람의 예상치 못한 공격을 받는 것은 《주역》의 괘상으로 택천쾌(䷪)다. 이 괘상은 아주 불길한 의미가 있다. 사업의 마지막에 가서 붕괴되고 신분이 추락하는 것이다. C는 실제로 그렇게 되었다. 물론 C가 징조를 해석한 것은 아니고, 내가 나중에 듣고 해석해준 것이다. C는 나의 해석에 납득이 된 모양이었다. "아, 징조라는 것이 정말 있군요. 매사에 조심해야겠네요." 했다.

남에게 심한 욕을 먹는 사건 그 자체가 이미 신분이 추락한 것과 같다. 이는 연못이 하늘에서 떨어지듯 일시에 많은 것을 잃는다는 뜻이다. 이것이 징조인 것을 알고 대비했다면, 이후에 C의 사업이 그토록 망가지지는 않았을 것이다.

택천쾌
: 사업이 마지막에 가서 붕괴되고 신분이 추락한다는 뜻

2

그 징조는
어떤 미래를
알려주는가?

행운의 느낌은
편안하고 강렬하다

1985년에 나는 미국에 있었다. 뉴욕에 있었는데 특별히 무슨 목적이 있었다거나 사업을 하러 간 것은 아니었고, 모진 운명을 털어내기 위해 장기여행을 떠난 것이었다. 미국에 다녀온 이후로 과연 액운은 사라지고 새로운 운명을 맞이할 수 있었다.

당시 뉴욕에서 한 가지 재미있는 일을 경험했다. 당시 교포들을 위해 미주 중앙일보가 행사를 마련했다. 바둑대회였는데 참가자는 한국 사람이 대부분이었지만 일본인, 중국인도 있었다. 당시 미국인들은 바둑을 배운 사람이 별로 없었고, 그래서 동양 3국의 사람들만 참가했던 것이다. 그러다 보니 제법 국제행사처럼 큰 규모로 진행되었다. 나는 바둑을 둘 줄 알았기 때문에 기쁜 마음으로 대회에 참가했다. 우승자에게 주는 상품을 받기 위해서였다.

우승 상품은 바로 비디오플레이어였다. 지금은 거의 사라졌지만 그 시절에는 비디오테이프를 빌려서 집에서도 영화를 볼 수 있다는 사실이 아주 획기적이었다. 나는 이것을 꼭 갖고 싶었다. 당시 비디오플레이어는 가격이 꽤 비싸서 쉽게 살 수 있는 물건이 아니었고, 더구나 나는 그것을 살 형편이 못되었다.

드디어 바둑대회가 열렸다. 나는 첫판을 이겼다. 마침내 토너먼트가 막이 오른 것이다. 그런데 2회전에서 재미있는 일이 생겼다. 2회전에 오른 선수들이 홀수여서 추첨으로 부전승을 뽑았다. 수십 명의 선수들 가운데 내가 부전승에 뽑힌 것이다. 운 좋은 일이었다. 그래서 2회전을 통과했다. 이제 3회전이 열렸다. 3회전에서는 내가 이겨서 4회전에 올랐다. 그런데 4회전에 오른 선수들도 인원이 홀수여서 부전승을 추첨했다. 그런데 놀랍게도 내가 또 뽑힌 것이다. 한 대회에서 두 번이나 부전승에 뽑힌 것은 대단한 행운이 아닐 수 없다.

부전승으로 올라간 5회전에서도 이기고 결국 결승전에 나갔다. 드디어 마지막 승부다. 상대방은 중국인 참가자였는데, 놀랍게도 그가 경기 중에 실수하는 바람에 내가 우승하게 되었다. 그래서 나는 우승 상품인 비디오플레이어를 받았다.

나는 비디오플레이어 자체도 좋았지만, 부전승을 두 번이나 했다는 것에 더욱 기분이 좋았다. 이는 하늘이 나를 점지해준 것이 아닐까? 괘상으로는 천택리(☱)라는 것으로 이는 하늘이 주는 선물을 받는다는 뜻이 있다.

하늘의 선물이라고 해봐야 비디오플레이어 하나였지만 실은 그게 다가 아니다. 비디오플레이어는 내가 바둑을 열심히 두어서 받아낸 것이고, 천택리의 징조는 오래오래 남을 것이다. 과연 나는 바둑대회 이후에도 미국 생활에서 좋은 일이 많았다. 그리고 그것은 한국으로 돌아왔을 때도 도움이 되었다. 천택리의 징조는 결국 액운을 물리치고 행운의 시절을 열어주었다.

나는 매우 부지런한 편이지만, 하늘이 주는 선물은 아주 좋아한다. 천택리는 내가 특히 좋아하는 괘상인데, 미국에서 내가 이 징조를 받아온 것이라고 여전히 생각한다. 나는 바둑대회를 통해 징조를 얻고 나서, 이후의 인생은 잘될 것이라는 직감이 몸에 가득 차는 것을 느꼈다. 행운의 느낌은 편안하고 강렬했다.

"나는 계속 운이 좋아질 것이다."

그와 비슷한 일이 또 있었다. 이것 역시 오래전 일이다. 서울 잠실에 있는 한 유명한 빌딩에서 파티가 열렸는데 참석인원이 100여 명이나 되는 큰 행사였다. 나도 거기에 참석해 음식을 나누어 먹고 있었다. 그러던 중 행사 진행자가 주의를 환기시켰다.

"이제부터 행운의 주인공을 뽑겠습니다. 남녀 각 1분씩 뽑을 것이고, 상품은 여성분께만 순금 3돈을 드릴 예정입니다. 당첨되신 분들은 여기 모인 사람 중에 '가장 행운이 많은 사람'이라는 의미로 '행운의 여신', '행운의 남자'라는 명칭을 붙여드립니다."

여기저기서 박수가 터져나왔다. 그저 이벤트의 하나였을 뿐인데 명칭이 거창했다. 이어 추첨을 시작했고 한 여성이 뽑혔다. 사람들의 박수와 환호 속에서 그 여성은 기쁨으로 얼굴이 붉게 달아올랐다. 진행자도 신이 나서 장광설을 늘어놓고 시상식을 거행했다. 그 여성은 마침 한복을 입고 있어서 파티 분위기가 한층 더 고조되고 있었다.

잠시 후 진행자는 '행운의 남자'를 추첨했다. 여기서 당첨되면 파티 참석자 중에서는 최고로 운이 좋은 남자가 되는 것이므로 나도 기대를 잔뜩 품고 진행자를 바라보았다. 그리고 잠시 후 행운의 남자가 결정되었다. 진행자가 호명했다. 관심 없는 사람도 있었고, 웃으며 진행자를 바라보는 사람도 있었다. 나는 대단한 관심을 가지고 지켜봤는데 뜻밖의 일이 발생했다. 행운의 남자가 바로 나였다. 나는 너무 놀랐다. 나 같은 사람이 무슨 행운의 남자인가? 나는 당시 모든 일에서 실패를 거듭하던 중이었기 때문이다.

그래도 좋았다. 내가 행운의 남자라니. 나는 단상으로 나가서 진행자와 악수를 하고 행운의 여신과도 가벼운 포옹을 했다. 그 여성은 내게 "축하합니다!"라는 인사말도 건넸다.

"자, 여러분 행운의 남자에게 박수를 보냅시다."

진행자의 말이 떨어지자 박수소리가 들려왔다. 재미있게 지켜보는 사람도 있었고, 상품이 없다는 사실을 고소해하는 사람도 있어 보였다.

그런데 이상한 일이 생겼다. 진행자가 나에게 '행운의 남자'라고 말한 순간, 나도 모르게 감동의 눈물이 나오고 말았다. 나는 정말 감동했던 것이다. 진행자가 나를 보고 한마디 했다.

"아, 이분은 너무 감동해서 눈물을 흘리고 있네요. 상품따윈 없어도 상관없다는 것 같군요. 여러분, 행운의 남자에게 다시 한번 박수를 보내줍시다."

나는 다시 자리에 돌아올 때까지 계속 울었다. 이 사건(?)은 그날 행사에서 내내 화제가 되었고 어떤 사람은 나를 이상하다는 표정으로 쳐다보기도 했다.

당시 나의 심정은 이랬다. 많은 사람 앞에서 '최고의 행운자'라고 선포(?)된 것은 앞으로 내게 정말로 행운이 발생할 것이라는 징조가 아니고 무엇이겠는가? 그 많은 사람 중에 내가 뽑힌 것은 하늘의 계시임이 분명하다. 그것은 내가 바라는 최고의 징조였다. 괘상으로는 천화동인(☰)인데, 이는 하늘이 이끌어주고 많은 귀인을 만난다는 뜻이다. 그 후로 나는 점점 사업이 잘 풀려가기 시작했다. 나는 무언가 일이 잘될 때마다 확신했다.

"하늘이 나를 버리지 않았다. 나는 계속 운이 좋아질 것이다."

당시 일은 지금 생각해보아도 감동이 벅차올라 눈물이 고이는 듯하다. 나는 당시 징조학의 높은 경지에 올라 있던 터라 상품 없는 호칭조차도 큰 힘이 되었다. 최고의 행운자라는 호칭은 없고 순금만 받았다면, 아마 그러한 감동은 없었을 것이고 그저 멋쩍게 웃어넘겼을 것이다.

징조의 약효(?)는 언제까지 이어질까? 아직 큰 행운은 오지 않은 것이 아닐까? 나는 항상 그날의 감동을 품고 살아가는 중이다.

 천택리
: 하늘이 주는 선물을 받는다는 뜻

 천화동인
: 하늘이 이끌어주고 많은 귀인을 만난다는 뜻

왠지 뭐든 잘될 것 같은 느낌도
징조다

어느 날 아침 J는 잠에서 깨어났을 때 기분이 굉장히 좋았다. '잠을 푹 잤기 때문인가?' 하고 생각해봤지만 J는 원래 매일 밤 잘 자는 사람이었다. 그저 몸의 컨디션이 평소보다 좋을 수도 있었다. J는 그러려니 하고 출근길에 나섰는데 거리에서 스치는 사람들에게 왠지 모르게 친근감이 들었다. 그래서 평소 같으면 그냥 지나칠 사람인데도 일부러 인사를 건넸다. 사람은 원래 기분이 좋으면 주변 사람에게 친절을 베푸는 법이다.

J는 회사에 도착해서 업무를 시작했다. 오늘따라 의욕이 불끈불끈 솟았다. 평소 같으면 주어진 일이니 그저 묵묵히 진행할 뿐이었다. 그러나 오늘은 달랐다. 일 자체가 꽤 즐거웠다. 이렇게 열심

히 일을 하고 뿌듯한 마음으로 집으로 돌아왔는데, J는 오늘 자신이 무언가 달라졌음을 느꼈다. 평소와 다르게 의욕이 넘치고 매사에 용기가 났다. 무슨 일이든지 못할 일이 없을 것 같다는 생각도 들었다. 아무튼 좋은 일이 아닌가? J는 가족에게도 평소보다 친절하게 대하고 잠을 청했다.

다음 날 아침에 일어나보니 어제보다 컨디션이 더 좋았다. 힘이 마구 솟아오르는 것을 느꼈다. 의학에서는 사람이 너무 우울한 것도 병으로 보지만, 반대로 기분이 지나치게 좋은 것도 병으로 간주한다. 그러나 J는 자신을 잘 알고 있었다. 병은 아닌 것 같았다. 아니면 이제야 철이 든 것일까? 사람이 철이 들면 주어진 조건에 대체로 만족하는 법이다. '이만하길 다행이지 뭐야' 하는 식이다. 그러나 J는 평소에도 자신이 하는 일에 크게 불만을 느끼는 사람은 아니었다. 어제와 오늘 대체 무슨 일이 생긴 것일까? 무엇인가 정신에 희망이 깃든 것 같았다.

생각해보자. J의 변화는 어떻게 생긴 것일까? 당시 나는 J를 우연히 만났는데 그가 나에게 물어왔다.

"선생님, 제가 요즘 기분이 너무 좋고, 뭐든 잘될 것 같은 육감이 드는데 엉터리없는 생각일까요?"

웃으며 묻는 J에게 나는 이것이 징조라고 알려주었다. J의 마음, 또는 영혼에 깃든 이 밝고 활기찬 생각은 상당한 의미가 있었기 때문이다. J에게 물어보니 전에는 이런 일이 한 번도 없었다고 한다. 그러니 이것은 분명 징조가 아닐 수 없었다.

우리의 영혼은 짐짓 미래를 육감하고 기분을 느끼는 수가 있다. 나는 일생을 살면서 그런 때를 종종 겪었다. J는 지금 그런 상황인 것이다. 미래의 일이 보이고 느껴지는 것이다.

물론 미래가 구체적으로 나타나 보이는 것은 아니다. 하지만 미래의 일을 기분으로 먼저 느낄 수는 있다. 텔레파시라는 것은 보통 이런 식으로 이루어진다. 무한한 세계를 바라보는 영혼은 그것을 자신의 뇌에 투사한다. 이때 뇌는 내용은 정확히 몰라도 기분을 느낀다. 불길한 느낌일 때도 있고, 아주 좋은 기분을 느낄 때도 있다. J는 지금 미래에 일어날 일이 좋은 것이라는 것을 느꼈던 것이다.

이러한 징조는 괘상으로 뇌지예(䷏)에 해당한다. 이는 꽁꽁 얼었던 겨울 땅이 녹아 대지가 크게 활동하는 것을 뜻하고, 커다란 사업이 비로소 시작된다는 뜻이 있다. 새로운 사업을 일으키고자 할 때 이 괘상은 아주 상서로운 앞날을 예고해주는 것이다. 특히 부동산이 오르고 뭔가에 가로막혀 묶여 있던 사업이 다시 시작된다는 뜻도 있다. J는 이제 이러한 뜻을 알고 좀 더 진취적으로 앞날을 살피기 시작했다. 머지않아 행운을 맞이할 것이다.

새는 재물과 튼튼한 미래를 뜻한다

의외의 존재가 좋은 운명을 예고해줄 때도 있다. 바로 새다. 얼마 전 Y는 여행을 갔다가 며칠 만에 돌아왔다. 그런데 집에 와보니 우스운 일이 생겼다. 방에 새 한 마리가 들어와 있지 않은가! 이상했다. 문은 잘 잠겨 있었고, 누구도(무엇도) 들어올 수가 없었다. 창문도 물론 완전히 닫아두었다. 그런데 새가 어떻게 들어왔을까? 그리고 왜 들어왔을까? 알 수가 없었다. 새가 들어온 통로조차 알 수가 없으니 말이다.

Y는 창문을 활짝 열어 새를 하늘로 날려 보내고 나서 나한테 전화로 물어왔다. Y는 평소에 징조학에 조예가 좀 있어서 새가 들어온 징조 정도는 해석할 수 있었다. 그러나 그는 좀 더 확실히 하고 싶어서 내게 물었던 것이다.

이 징조에 대해 해석하는 방법을 살펴보자. 새는 《주역》의 괘상으로 풍(☴)에 해당한다. 하늘을 가볍게 날 수 있기 때문이다. 독수리라면 의미가 조금 달라질 수 있다. 독수리는 풍이 아니라 우레다. 이 집에 들어온 새는 작고 약했기 때문에 풍일 수밖에 없다.

그리고 새가 자기 영역인 하늘이나 나뭇가지가 아닌 땅 아래, 즉 집 안까지 왔기 때문에 그냥 땅으로 내려온 것과 의미가 다르다. 이 새는 땅속 깊이 들어온 것과 같다. 방으로 침투했기 때문이다. 방은 큰 것이어서 새에게는 새로운 세계다.

이제 종합해보자. 새는 바람이다. 이것이 땅 아래로 내려왔으니 지풍승(䷭)이 된다. 이 괘상은 땅 아래로 바람이 들어온 형상을 나타내며 《주역》의 의미로는 승(升)에 해당한다. 이는 땅속에 씨 앗을 심은 것과도 같다. 지풍승의 괘상은 오른다는 뜻이 있으므로 커다란 발전을 의미한다. 실제로 Y는 그 일이 일어난 이후로 10년 넘게 지속적으로 발전해왔다. 바람이란 생기를 뜻하는데, 이것이 스스로 찾아와 방 안 깊숙이 자리 잡았기 때문이다.

이런 좋은 징조는 아주 드문 경우다. 새는 하늘에 있을 때는 그 저 바람 같은 존재지만 이것이 땅속으로 왔을 때는 땅 전체에 생 기를 불어넣는다. 밭에 씨가 뿌려진 상태와 같은데, 시간이 지나 면 씨앗에서 싹이 트고 열매도 맺는다. 현실 세계에서 열매는 재 물을 뜻한다. Y 역시 그 일이 일어난 이후로 재물도 계속 모아나 갔다. 지풍승 괘는 거대한 부자가 된다는 뜻은 아니지만 서민에게 충분한 재물이 생긴다는 의미다.

새에 관한 한 가지 사례를 하나 더 소개해보겠다. N은 직장인 으로 출장을 자주 다닌다. 이번에는 경주로 출장을 갔는데 거기서 징조를 만났다. 자동차 위에 새가 날아온 것이다. 새는 어느 곳이 든 날아와 앉으니, 자동차 위라고 해서 별로 특별한 일은 아니라 고 생각했다. 그런데 마침 그의 자동차는 시동이 걸려 있었다. 그 렇다면 이야기가 달라진다. 시동이 걸린 차에는 새들이 좀처럼 날아와 앉지 않는다. 새는 진동에 아주 민감하기 때문이다.

N은 그저 속으로 '새가 앉았나 보다' 하고 자동차를 출발시켰다. 그런데 신기하게 새가 한동안 차 위에서 떠나지 않았다. 게다가 새가 앉은 곳은 차의 앞부분이었고, 자동차가 전진하는 방향을 바라보고 있었다. 이런 특별한 사건은 징조가 아닐 수 없다.

이것은 괘상으로 풍뢰익(☴☳)이라는 것인데 바람이 우레를 이끌어주고 있는 형상이다. 우레는 자동차를 뜻한다. 이 괘상은 권리 또는 권력이 생기고 장래가 아주 튼튼하다는 것을 의미한다. 실제로 N은 그 일이 일어난 이후로 회사에서 승승장구했다. 그날 그에게 찾아온 새의 징조는 앞으로도 계속 운명에 영향을 미칠 것이다.

어떤 사람은 새를 흉하게 보기도 하는데 이는 곡식을 훔쳐먹기 위해 날아온 경우를 말한다. 보통 징조로서 나타난 새는 편안한 동기를 가지고 있다. 그래서 풍뢰익이라는 괘명이 이익이 된다는 뜻이다.

☷☳ 뇌지예
: 겨울 땅이 녹아 대지가 크게 활동하는 것, 커다란 사업이 비로소 시작된다는 뜻

☷☴ 지풍승
: 땅속에 씨앗을 심은 것, 커다란 발전이라는 뜻

☴☳ 풍뢰익
: 바람이 우레를 끌어줌, 이익이 된다는 뜻

---

2 그 징조는 어떤 미래를 알려주는가?

모자는 지붕이고,
지붕은 권위와 출세를 의미한다

D는 모자를 좋아했다. 그래서 여러 개의 모자를 구입해두었는데 그중에서도 D가 유난히 좋아하는 모자가 있었다. 이 모자는 품위 있고 권위가 있어 보였다. 게다가 재질도 좋아 부티가 났다. D는 이 모자를 너무 좋아해서 1년 내내 쓰고 다녔다. 그가 모자를 쓰고 다니는 것은 이미 많은 사람이 봐왔고, 사람들은 D를 칭할 때 '멋 있는 모자를 쓰고 다니는 사람'이라고 불렀다. 사람들은 D에게 그 모자를 어디서 구입했는지 자주 물었지만, 그 가게는 벌써 없어진 지 오래다. 그 모자를 사고 싶어 한 사람들은 아쉬워하며 D를 부러워했다.

그러던 어느 날 D는 그 아끼는 모자를 잃어버리고 말았다. 매우 속상했지만 대비책이 있었다. D는 그 모자를 너무 아낀 나머지 분실할 경우를 대비해 똑같은 모자를 이미 준비해놓은 것이다. 그렇다고 해도 D의 충격과 불안은 쉽게 사라지지 않았다. 아끼는 모자 2개 중 하나를 잃어버렸으니 나머지 하나를 수십 년 사용해야 할 판이다. 모자가게는 없어진 지 오래고, 그러니 D는 남아 있는 이 모자를 평생 쓰겠다고 마음먹었다. 이미 잃어버린 것은 어쩔 수 없는 일이다. D는 운명이라고 생각하면서 종종 아쉬워했다.

그렇게 세월이 갔다. 그러던 중 갑자기 잃어버린 모자가 나타났다. 귀신같은 일이었다. 모자는 그동안 눈에 잘 띄는 선반에 보기 좋게 놓여 있었던 것이다! 그동안 애써 찾았던 일은 도대체 무엇인가? 그것이 왜 눈에 띄지 않았나? D는 어쨌거나 기분이 몹시 좋았다. 그리고 D는 아끼는 모자를 다시 찾은 이 사건이 징조임을 간파했다. D는 징조에 대해 조금이나마 공부한 적이 있어서 살면서 종종 경험하는 기묘한(?) 일들에 대해 징조를 해석해보곤 했다.

이 경우에 해당하는 괘상은 뇌천대장(☳)이다. 꽤 유명한 괘상이므로 이에 대해 조금 더 깊이 얘기하고 넘어가겠다. 되찾은 모자의 뜻을 좀 더 깊게 알기 위함이다.

모자의 용도는 참으로 많다. 여성들은 아름다움을 가꾸는 데 쓰고, 군인들은 안전을 위해 쓰고, 야구선수들은 게임에 열중하기 위해 쓴다. 그리고 법정의 판사나 성직자들은 권위를 위해 모자를 사용한다. 조선 시대 대감들이 모자를 쓴 것은 권위를 내세우기 위해서였다. 오늘날 경찰관이나 경비원 등도 마찬가지다.

그런데 모자와 뜻이 비슷한 사물이 있다. 그것은 바로 건물의 지붕이다. 전통한옥을 보면 건축물 위에 기와로 지붕이 만들어져 있다. 이것은 아름답고 매우 권위 있어 보인다. 전 세계를 다 뒤져봐도 우리나라 전통한옥보다 더 권위 있는 지붕은 없을 것이다. 지붕은 《주역》에서 모자와 같은 괘상이다. 의미가 같다는 뜻이다.

먼 옛날 우리 조상들은 지붕에 특히 신경을 썼다. 지붕이 아름답고 권위가 있어야 집의 품위가 돋보이기 때문이다. 먼 옛날 인류의 문명이 아직 싹트기 이전에 성인은 뇌천대장 괘상을 보고 집이라는 것을 구상했다. 당시에는 인류가 동굴이나 벌판에서 생활했다. 집이라는 것은 한참 후에 등장했고 그것은 뇌천대장 괘상을 본떠 만든 것이다.

뇌천대장은 우레가 하늘 위에 울리는 것처럼 권위가 있다는 뜻이다. 모자가 바로 그런 의미인 것이다. 괘상의 구조를 보면 우레가 하늘 위에서 울리는 모습이다. 하늘은 사람의 얼굴이고 우레는 모자다. D는 이를 잘 알고 있었다. 이는 《주역》에서 아주 기초적인 것이다. D는 징조를 해석하고 머지않은 장래에 자신의 권위가 회복될 것이라 짐작했다. 실제 그대로 되어 D는 사업이 잘 풀려나갔다. 이제 와서 돌아보니 아끼는 모자를 잃어버린 그 순간부터 일이 잘 안 풀렸던 것이다. 모자를 잃어버린 것은 풍천소축(䷈)이다. 이는 낭비가 심하고 돈 쓸 일이 자주 생긴다는 뜻이다. 그래서 좋은 모자는 잃어버리면 안 된다. 재물에 손실이 생긴다는 징조이기 때문이다. D는 모자를 잃어버리지 않기 위해 오늘도 조심하며 살아가고 있다.

가지런한 치아는 좋은 운명까지 불러온다

다른 예를 살펴보자. I는 강제로 휴직을 당한 상태였다. 회사 경영 사정상 인원을 감축해야 했는데 I가 거기에 해당되었다. 아예 회사를 떠나는 것은 아니고 잠시 쉬고 있으면 다시 불러주겠다고 했다. 솔직히 I는 아쉬울 것이 없었다. 상속받은 재산도 제법 넉넉했고, 사실 일을 하지 않아도 생계에는 아무 지장이 없었기 때문이다. 다만 매일 나가던 회사에 나가지 못해 심심할 뿐이었다. 회사 측에서 다시 불러준다고는 하지만 그것은 두고 볼 일이 아닌가! 대개는 흐지부지하다 휴직이 퇴직이 되고 마는 것이다.

I는 세상 돌아가는 이치를 잘 알고 있어서 흔쾌히 휴직을 받아들였다. 이참에 한동안 휴식을 취해도 좋을 것 같았다. 그래서 휴직이 나쁘기만 한 것은 아니었다. 이렇게 되어 I는 한가한 시간을 갖게 되었다. 시간이 남는 것은 생각보다 나쁘지 않았다. 이런저런 생각도 하고 여행도 다닐 수 있지 않은가? 그러나 I는 여행 같

은 것보다는 집 안에서 할 일이 있는지 살펴보고 가끔 도서관에 가서 지식을 보충하기도 했다. 그러다가 마침 할 일이 생각났다. 미뤄왔던 치과 치료를 받는 일이었다.

치과에 다니는 일? I는 치아가 엉망이었다. 여기저기 충치도 생겼고, 어금니 안쪽에는 아예 치아 하나가 없었다. 특별히 아프거나 불편한 것은 없었기 때문에 그냥 내버려두었다. 치과에 가는 것이 귀찮기도 하고 회사생활 하느라 바쁘기도 했다. 그러나 이제는 시간이 많이 생겼으니 I는 이번 기회에 치아를 일제히 점검해볼 생각이었다. 그래서 치과에 가보니 과연 그의 치아는 문제가 많았다. 당장 손봐야 할 곳이 많아 조금 더 지체했다면 일이 커질 뻔했다.

I는 모든 치아를 점검하고 문제가 생길 만한 부분을 미리 치료했다. 그리고 어금니 안쪽에 임플란트도 했다. 없어도 그만 있어도 그만인 치아였지만 말이다. 모든 치아를 손보는 일은 생각보다 시간이 오래 걸렸다. 장장 1년 반이나 걸렸지만 급할 것은 없었다. I는 정기적으로 치과에 갔고 도서관도 다녔다. 심심할 새는 없었다. 하루하루 지식이 쌓여갔고 입속은 말끔히 개조되고 있었다. 긴 시간이 지나 모든 치아의 치료를 마쳤고, 새로 해서 넣은 임플란트도 자리를 잘 잡았다. 이제는 입속을 아무리 살펴봐도 고칠 것이 없었다.

돈을 많이 썼지만 이것은 별 문제가 아니었다. 입속이 편안해지니 입맛이 좋아졌다. 음식 맛도 다르게 느껴졌다. 예전에는 이가 아플까 봐 피했던 음식도 잘 씹게 되었다. 소화도 잘되고 먹는 즐거움도 커졌다. 언제나 기분이 상쾌하고 표정마저 밝아졌다. 음성도 편안해졌다. I는 자신이 젊어졌다고 생각했고, 가족들도 I가 건강해졌을 뿐만 아니라 기분이 많이 좋아진 것 같다고 미소짓곤 했다. 옛말에 치아는 오복 중에 하나라고 했던가! I는 그것을 실감했다.

치아를 말끔히 고쳐냈더니 이렇게 편안할 수가 없었다. I는 1년 반이라는 긴 시간을 들였지만 아주 보람 있었다. I의 신체개조(입속)는 무슨 뜻이 있을까? 이것은 징조가 아닐 수 없다. 입속이 수십 년 만에 완전히 개조된 것이 아닌가? 이에 따라 새로운 운명도 발생할 것이다. 이 징조는 산뢰이(䷚)에 해당한다. 이는 보이지 않는 가운데 꾸준히 성장해 나간다는 뜻이다. 가족들은 평안했고 집안의 다른 일도 잘 풀렸다. 그리고 마침내 회사의 사정도 좋아져 I는 복직하게 되었다. 회사는 I의 역량을 뒤늦게 알아보고 진급까지 시켜주며 복직시킨 것이다.

I는 요즘도 가끔 턱을 쓰다듬으며 미소를 짓는다. 진작 이렇게 할 것을. I의 사례를 본받아야 할 것이다. 치아는 단순히 음식만 씹는 데만 쓰는 것이 아니다. 운명까지 바꿔놓는 막강한 힘이 있다.

뇌천대장
: 우레가 하늘 위에 울리는 것처럼 권위가 있다는 뜻

풍천소축
: 낭비가 심하고 돈 쓸 일이 자주 생긴다는 뜻

산뢰이
: 보이지 않는 가운데 꾸준히 성장해 나간다는 뜻

만사가 제자리를 찾으면
운명도 편안해진다

E는 오랜만에 백화점에 들렀는데 마침 의류 할인 행사를 하고 있었다. 마침 가격이 아주 싼 기성복 중에서 마음에 드는 옷을 발견했다. E는 오래 고민할 것도 없이 그 옷을 즉각 구매하고 집으로 돌아왔다. 그리고 집에 와서 그 옷을 입어보았는데 딱 맞았다. 사이즈라든가 색상이라든가 나무랄 데가 없었다.

며칠 후 E는 동네 나들이에 이 옷을 입고 나갔다. 그런데 제법 멋있는 것이 아닌가! 지인들은 한결같이 옷이 너무 좋다고 칭찬하면서 명품이냐고 물었다. E는 속으로 웃었지만 기분이 좋았다. 그토록 싼 물건이었는데 남들은 명품으로 보는 것이 아닌가! 명품으로 봐주는 것이 아니라도 좋았다. 옷이 어쩜 그렇게 몸에 딱 맞아

2 그 징조는 어떤 미래를 알려주는가?

떨어지는지, 품위 있고 단정하고 아름다워 보였다. 게다가 디자인 자체가 아주 드물면서도 E에게 맞춤복처럼 잘 어울렸다.

처음에는 값싼 옷이라 동네에서나 가볍게 입으려고 했다. 그런데 한 번 입고 나가본 이후로 주위 사람들의 반응이 워낙 좋다 보니, 다시 한 번 그 옷을 입고 조금 격식 있는 자리에까지 가보았다. 마침 동창회가 있어 입고 갔는데 또 보는 사람마다 옷이 멋있다고 칭찬하는 것이 아닌가! E가 스스로 보기에도 과연 멋있었다.

E는 속으로 다시 한번 감탄했다. 이토록 멋있는 옷을 그렇게 싸고 쉽게 구할 수 있었다니! E는 앞으로도 종종 점잖은 곳에 입고 가도 되겠다고 생각했다. 이 일은 E에게는 작은 행복을 주었고, 또한 기막힌 우연이었다. 그 후로 E는 하는 일마다 잘 풀리고 애인도 생겼다. 그 옷을 입으면 좋은 일이 많이 생겼던 것이다.

처음엔 몰랐지만 E는 그 옷이 기분 좋은 일을 끌어당긴다는 것을 느꼈다. E는 주역 전문가도 아니고 징조에 대해서도 전혀 아는 바가 없었다. 그러나 현실적으로 좋은 일이 여러 번 생기자 새 옷과 연관 지어 생각해본 것이다. 제대로 짚은 셈이다. 이처럼 강력한 징조는 저절로 느끼기도 한다. 옷이란 잘 맞으면 연못에 해당하고, 몸은 그 안에 담긴 물이라고 볼 수 있다. 물이 좋은 연못에 담겨 있으면 이보다 좋을 수 없다.

E는 만사가 제자리를 찾아 돌아왔고, 물처럼 연못에 평화롭게 자리 잡았다. 이는 사업이 자리를 잡고, 미혼이라면 애인이 생기

는 징조다. 괘상으로는 수택절(䷬)인데, 이는 평화와 행복을 상징한다. 이 이후로 E는 좋은 옷, 자신에게 잘 어울리는 옷을 종종 사러 다녔다. 이것이야말로 좋은 운을 부르는 바람직한 행동이었다. 그러나 징조가 쉽게 나타나는 것도 아니고, 그토록 잘 어울리는 옷을 구하기가 늘 쉽지는 않았다. 이는 돈을 많이 쓴다고 되는 일이 아니다. 그 행운의 옷이 어딘가에서 주인을 기다리다가 시간과 장소가 운명처럼(!) 딱 맞아떨어져야 가능한 일이다.

이 이야기에는 한 가지 교훈이 더 있다. 옷이란 신중하게 골라야 한다는 것이다. 옷은 몸을 담는 연못이므로 개성 있고 단정하면서도 아름답고 자연스러워야 한다. E는 그 이후로 옷을 사러 다닐 때 경건한 마음으로 임했다. 그리고 드물게나마 잘 맞는 옷을 발견하고 좋아했다. 그때마다 이상하게도 일이 잘 풀려나갔다. E는 옷을 통해 어느새 징조라는 것도 배우게 된 것이다.

아름다운 것은 기분 좋은 운명을 끌어당긴다

E의 사례와 반대의 경우도 살펴보자. S는 20대 여성인데 여간해서 화장을 하지 않는다. 아니, 못 한다. 화장을 못 하다니? 그 이유가 아주 황당하다. S의 아버지가 화장을 절대 못 하게 하기 때문이다. 아버지는 S가 화장하는 것을 아주 싫어하고 죄악시한다. S의

어머니도 평생 화장이라는 것을 못 하고 살았다.

어쩌다 S가 화장한 것을 보면 아버지는 심한 욕설을 퍼붓고 폭행까지 저질렀다. 울며불며 항의하고 설득해봐도 소용이 없었다. 남들은 그 아버지에게 정신과 치료를 권할 정도였지만, S는 아주 착한 딸이어서 아버지 말에 순종할 뿐이었다. 하지만 밖에서는 종종 화장을 했다. 친구들과 놀러 갈 때나 남자친구를 만날 때는 밖에 나와서 지하철 화장실 같은 곳에서 화장을 했다. '중학생도 아니고 이게 뭐 하는 짓인가?' 싶기도 했지만, 여하튼 귀가할 때는 다시 화장을 지우고 집에 들어갔다.

S의 인생은 처량하기 그지없다. 그런데 이것이 꼭 아버지 탓만은 아니다. 어째서 그토록 불합리한 아버지에게 강하게 항의하지 못하는가? 물론 아버지의 폭언과 폭행에 매번 굴복하고 말았지만, 이것이 정말 어쩔 수 없는 일인가? 아니다. 계속 이렇게 살 수는 없다. 집을 나오든지 경찰에 신고를 해보든지, 아버지에게 정신과 상담을 받게 하든지, 뭔가 효과 있는 조치를 취해야 한다. 불합리한 것도 참아 넘기며 고분고분하게 말만 잘 듣는다고 해서 착한 딸인 것은 아니다. 아버지에게서 벗어나 자신의 인생을 당당하게 살아가는 것이 착한 것이다. 어쨌거나 세상에는 별의별 사람이 다 있고, 그 아버지도 이상하지만 그것을 견디는 S도 평범하지는 않았다.

S의 인생은 앞으로 어떻게 될까? 그녀의 아버지가 병적으로 화

장을 못 하게 하는 것은 일종의 징조다. S는 현재 지독한 징조를 만나고 있다. 그녀가 어떻게 거기에서 벗어나느냐 하는 문제는 여기서 논할 필요가 없을 것 같다. 다만 S가 당하는(혹은 저지르는) 징조를 해석해보자. 이 징조의 결과는 끔찍하고 아주 오래 갈 것이다. 《주역》의 괘상으로는 택수곤(䷮)에 해당하는데 이는 평생 아이를 갖지 못하고 남자에게 배신당하고 단명하고 궁색하게 지낸다는 뜻이다. 빨리 빠져나오지 않으면 S의 운명은 점점 나빠질 것이다.

여기서 든 사례는 단순히 화장을 하라거나, 하지 말라는 이야기를 하려는 것이 아니다. 이것은 '아름다움'에 관한 이야기다. 《주역》에서 여성의 경우 화장은 산화비(䷕)라는 괘상을 의미하는 행동이다. 이를 못 하게 하거나 안 하면 그 괘상의 정반대인 택수곤이 된다. S는 집을 나오는 한이 있더라도 빨리 지금의 상황에서 벗어나야 한다. 아주 나쁜 징조이기 때문이다.

아름다움을 추구하는 것은 나쁘거나 비도덕적인 일이 전혀 아니다. 오히려 반대다. 아름답게 살아가고자 하는 것이 인간의 본성이자 본분이다. 아름다움, 이것은 하늘이 권장하는 절대적인 가치이자 하늘의 문화다. 운명이란 것은 결국 하늘의 문화에 자연스럽게 어울리며 전개되는 것이니 S와 같은 상황에 놓였다면 한시라도 빨리 거기에서 빠져나와야 할 것이다.

수택절
: 평화와 행복이라는 뜻

택수곤
: 평생 아이를 갖지 못하고 남자에게 배신당하며, 단명하고 궁색해진다는 뜻

산화비
: 아름다움이라는 뜻

애인은 언제,
어디에서 오는가?

B는 얼마 전 미국에 살고 있는 고모로부터 선물을 받았다. 고모는 B의 아버지에게 안부를 전하며 하나밖에 없는 조카딸에게 선물을 보낸 것이다. 선물 자체는 별것이 아니었다. 그러나 평소 엄격하기만 하던 고모가 선물을 보낸 것은 특이한 사건이었다. B의 고모는 미국이 아니라 바로 옆집에 살았다 하더라도 조카에게 선물 같은 것을 사줄 만한 사람이 아니었기 때문이다.

B는 은근히 기뻤다. 속으로 '고모가 미국 가서 살더니 되게 세련되어졌네' 하고 생각하기도 했다. B는 선물의 내용에 대해서 생각했을 뿐 이것에 무슨 뜻이 있는지는 몰랐다. 이 일이 무엇의 징조인지 말이다.

B가 예상치 못한 선물을 받았다는 사실은 충분히 징조의 조건을 갖추었다. 일단 먼 곳에서 왔다는 것, 그리고 평생 선물 같은 것은 하지 않는 사람이 보냈다는 것, 그리고 갑자기 왔다는 것이 바로 그 조건이다. 물론 B는 징조 같은 것은 몰랐다. 그러나 전문가인 내가 보기에는 중요한 암시를 주는 징조가 틀림없었다.

이 징조의 괘상은 택산함(䷞)이다. 이는 애인이 생기는 징조다. 괘상의 모양을 보면 연못과 산으로 되어 있는데 연못은 하늘로부터 내려오는 즐거움, 즉 사랑이다. 산은 무료했던 B의 나날이었다. 징조대로 B는 얼마 후 애인이 생겼다. 그저 애인이 생긴 것뿐이다. 징조는 새로 나타날 애인이 얼마나 멋지고 훌륭한지를 보여준 것은 아니다. 애인이 생길 것이라는 징조일 뿐이다.

여성의 경우, 뜻밖의 선물이 자주 생기면 이는 머지않아 애인이 생긴다는 징조다. 선물은 즐거움이고 사랑이다. 이런 일이 자주 생기면 근처에 이미 애인이 서성인다는 뜻이다. 선물은 누구한테 받았든 상관없다. 특이성만 갖추면 되는 것이다. 가까운 친구로부터 받았다 하더라도, 그 친구가 평소 선물에 인색한 깍쟁이였다면 이는 특이한 경우이므로 징조가 될 수 있다. 그리고 여러 차례 선물을 받는다면, 이는 태풍 전야와 같다고 보면 된다. 근처에 애인이 서성이고 있다는 뜻이다.

예상치 못한 선물을 받아 놀랐다면, 여러분 근처를 차분히 잘 살펴봐도 좋겠다. 왠지 그럴듯한 사람이 보이면 거의 틀림없다. 다만 여성이라면 애인을 의식해 먼저 다가가는 것은 좋지 않다. 모르는 척해야 애인을 만날 기회가 생길 것이다. 왜냐하면 모르는 척하는 것, 그 자체가 또 다른 징조이기 때문이다.

사람의 행동은 그 자체로 확실한 징조다

반대의 상황도 있다. R은 젊은 남자인데 올해에만 3명의 여성과 헤어졌다. R이 바람을 피워서가 아니라 상대방 여성 3명에게서 모두 버림받은 것이다. 남자인 내가 봐도 R은 지지리도 매력이 없었고 장래성도 없었다. 이런 문제는 어렵게 생각할 것도 없다. 오죽하면 3번 만나고 3번 다 버림받았을까! 이는 R이 내세울 것이 없었던 탓이다.

여성은 대게 남성의 장래성이라든가 매력 포인트를 본능적으로 알아본다. 이것만 보더라도 R은 정말로 별 볼일 없는 남자였던 것이다. 나는 오랜 세월 R을 지켜봤는데 쓸 만한 데가 한 곳도 없었다. 보다 못해 내가 그에게 한마디 했다. "네가 만약 젊은 여자 1명만 친구로 사귀어서 내 앞에 데려올 수 있다면 너를 미워하지 않으마." 그는 5년이 지났는데도 여자 1명 데려오지 못했다.

왜 그렇겠나. 뻔한 얘기다. 여자들은 그를 싫어한다. 남자가 봐도 덜된 인간인 줄 금방 안다. R이 그런 사람이다. 나는 R과 비슷한 사람을 종종 보는데 그들은 하나같이 사람에게 인기가 없다. 이것은 누구를 원망할 것도 없이 그들 자신 때문이다. 관상쟁이가 아니더라도 재수 없는 사람은 척 보면 알 수 있다. 물론 이것은 외모 얘기가 아니라 인격이 너무나 덜 되먹은 경우를 말한다.

여기서 생각해보자. R의 미래는 행운이 따를까? 그럴 수는 없다. 이제까지 그토록 재수가 없었던 사람이 미래에 갑자기 재수가 좋아질 리 없다. 이는 징조이다. 그 사람 자체가 징조라는 뜻이다. 하는 짓마다 못났으니 그런 행태는 나쁜 징조인 것이다. 옛말에 재수 좋은 사람은 자갈밭에 떨어져도 어머니 치마폭에 떨어진다고 했다. 이는 행운이 따르는 사람의 전형적인 모습이다. 하는 짓이 고우면 결과도 고운 것이다.

사람의 행동, 마음가짐은 그 자체로 확실한 징조다. 예로부터 관상쟁이는 사람을 보고 그 미래를 얘기했다. 어떻게 그럴 수 있을까? 외모, 행동, 습관 등 그에게 나타난 징조를 보고 판단한 것이다. 그 사람에게 딱 붙어 있는 징조는 그의 정체성이라서 운명 역시 그대로 따라오는 법이다.

사람의 모습, 즉 마음이든 손금이든 관상이든 인격이든 그 모든 것이 징조다. 세 살 버릇 여든까지 간다는 속담처럼, 사람은 그 행태를 여간해서 바꿀 수가 없다. 사소한 습관 하나도 바꾸기 어렵다. 그래서 그의 행태는 평생의 징조인 것이다.

징조란 사람 주변에서만 나타나는 것이 아니다. 그 사람 자체에도 징조는 얼마든지 있다. 그러니 좋은 징조만 기다리지 말고 자기 자신에게 이미 와 있는 징조부터 살펴야 한다. 나는 이러한 사람인데, 이러한 징조는 무슨 뜻일까? 나의 성품과 행동이라는 징조가 알려주고자 하는 미래는 행복할까, 불행할까? 아마 이것은 관상가에게 물어보지 않아도 어느 정도 스스로 알 수 있다.

매번 이성으로부터 버림받는 R은 어떨까? 그 정도로 재수가 없는 징조라면 뻔한 것이 아닌가! 여자의 판단력은 관상쟁이보다 나을 때가 있다. 그리고 자기 자신의 모습을 어째서 모를 수 있단 말인가. 자기만 잘났다고 생각하지 말고 스스로에게 이미 내재한 징조를 찾아봐야 한다. 용기를 가지고 진심으로 생각해본다면 징조를 쉽게 발견할 수 있으리라.

 택산함
: 애인이 생긴다는 뜻

돈의 흐름을 막으면
운도 막힌다

L은 가계부를 찬찬히 들여다보고 있었다. 증거를 찾기 위해서였다. 다름 아닌 생활비 지출이 왜 늘어났는가의 증거다. 이런 현상은 두 달째 이어졌고 이번 달에도 씀씀이가 만만치 않았다. L은 살림을 잘했고, 사치를 부리거나 허튼 곳에 돈을 쓰는 타입도 아니다. 나름 안전하게 가계의 수입과 지출을 유지하고 있었는데 최근 들어 생활비가 늘어난 것이다. 가족들과 외식한 것이 잘못되었을까? 아니면, 아이들 학원비가 문제였나? 그도 아니면 남편이 돈을 많이 썼나? 아무리 생각해봐도 부득이한 경우 말고는 돈을 쓴 곳이 없었다. 완전히 합리적인 지출이었다. 그러나 가계부에서 지출이 증가한 것은 확실했다! 그것도 두 달을 넘어 석 달째로 이어졌다.

이런 일은 사소하고 평범한 일이다. 수입이 적기 때문에 벌어지는 일일 뿐이다. 문제는 지출을 줄이는 것이 아니라 수입을 늘리는 것이다. 그러나 L은 이렇게 생각하지 못했다. 그저 지출이 많아졌으니 어딘가에서 줄여야겠다고만 생각했다. 하지만 이런 것이 문제는 아니다. 수년간 지속된 생활비 균형이 무너진 것은 하나의 징조였다. 그동안 이상 없던 가계가 지금에 와서 무너졌기 때문이다. 원인은 나중에 생각해도 된다. 지금은 미래에 일어날 일이다. 징조에 의한 미래는 서서히 고개를 들고 있다.

괘상으로는 택수곤(䷮)이다. 이는 호수가 말라가는 것으로 재정압박이 더욱 심해질 것을 예고하고 있다. 필경 더 큰돈을 쓸 일이 불쑥 출현할 것이다. 조심해야 한다. 어떻게 미래를 피해갈 수 있을까? 답은 간단하다. 무엇인가를 꼭 필요하다고 생각하는 것이 잘못이다. 처음부터 다시 생각해야 한다. 외식도 금하고 아이들 학원비도 줄여야 한다. 피아노는 안 배워도 좋고 입시학원도 안 가도 된다. 처량한 일이다. 그러나 현실이 그렇다면 그렇게 살아야 한다. 과감하게 생활을 개편해야 한다. 지금 상태를 유지하려고 하는 것이 더 큰 사건을 만들어낼 수 있다. 절약과 소비는 때가 있는 법이다. 한 달 앞선 소비가 파멸을 부를 수 있다. 또한 한 달 늦은 절약도 파탄을 일으킬 수 있다.

운명이란 총액을 계산하는 것이 아니다. 작은 사건, 약간 많은 지출 등도 큰 사건을 유도할 수 있기 때문이다. 운명의 단서, 징조는 운명 자체를 연습시키는 것이나 마찬가지다. 마호메트는 이렇게 이야기했다. 산이 내게 오지 않으면 내가 산을 향해 가리라고.

지나친 절약은 운을 고립시키고 영혼을 위축시킨다

돈과 관련해서 다른 경우를 살펴보자. N은 매우 착실한 주부였다. 사치 부리는 일도 없고 늘 아끼고 절약하며 살고 있다. 남편의 적은 월급으로 세 아이를 키우면서 저축도 하고 있었다. 문제는 N의 지나친 절약이 아이들의 생활을 심하게 위축시킨다는 것이다. 아이들은 친구들과 분식집 한 번 못 가고 예쁜 운동화도 못 신었다. 물려받은 옷, 얻어온 옷을 그냥 입고 지냈다. 남편 역시 퇴근 후에 밖에서 차 한잔 못 하고 일찍 귀가했다. 물론 친구를 만날 수도 없었다. 쓸 수 있는 경비가 전혀 없으니 항상 집으로 향하는 것이다. 외식도 하지 않았고, 여행이나 여름휴가도 없었다. 가족 모두 사는 것이 고달플 뿐이었다.

그래도 저축을 하며 사니 미래가 불안하지 않았다. N은 매달 쌓여가는 통장 잔고를 보며 흐뭇해했다. 하지만 쓸 수 있는 여윳돈은 전혀 없었다. N은 안 써도 좋은 것을 철두철미하게 추려냈다. 반찬은 늘 최소한만 만들고 라면조차 사먹지 않았다. 가까운 곳은 걸어다니고 항상 전철을 탔다. 물론 외출 자체를 극력 제한하고 있다. 경비와 차비가 아까워서다. 전화는 아예 걸지 않고, 걸려 온 전화만 받았다. 아이들은 핸드폰이 아예 없었고, 남편 역시 핸드폰이 있으나 걸지 않는다. 이 정도면 N은 세상 최고의 구두쇠라 할 만했다. N의 남편은 퇴근 후에 아르바이트도 했다. 돈을 조금이라도 더 벌기 위해서다.

이런 집안은 앞으로 어떻게 될까? N의 가정은 분명 흉하다. 이렇게 사는 사람이 세상에 얼마나 될까? N은 어려서부터 이와 똑같은 가정에서 자랐다. 물론 과거에는 그렇게 사는 사람이 많았다. 너도나도 없었던 시절이니까 말이다. 그러나 현대에 와서 이렇게 살면 얼마나 괴로울까? 이것은 아주 나쁜 징조 속에서 사는 것이다.

N은 나쁜 징조 덩어리이고, 악마의 살림살이를 배운 것 같다. 《주역》의 괘상으로는 뇌화풍(䷶)이다. 이는 쌓여간다는 뜻이 있어 제법 좋은 것처럼 보이지만 그렇지 않다. 돈이 그토록 쌓여가는 것이니 좋은 일 아닌가? 그러나 그게 아니다. N의 가족에게는 현재 재앙도 쌓여가고 있다.

지금과 같은 생활은 얼마나 지속될 수 있을까? 남편은 오래 직장을 다닐 수 있을까? 잘 안 될 것이다. 회사에서 일찍 해고당할 수도 있고 병이 날 수도 있다. 아이들도 성장하는 데 나쁜 기질이 쌓여간다. 대학도 제대로 못 갈 것이고, 친구도 없을 것이다.

뇌화풍은 몸이 무거워진다는 뜻도 있으니 사고를 당하거나 병

2 그 징조는 어떤 미래를 알려주는가?

이 날 수도 있고, 심지어 감옥에 가는 수도 있다. N의 가족은 현재 위태롭게 살아간다고 봐야 한다. 이렇게 짠내 나게 모은 돈이 어느 날 갑자기 사라질 수도 있다. 세상의 이치가 그렇게 되어 있다. 그래서 옛사람은 말했다. 돈이란 써야 들어오는 것이라고. 이 점을 명심해야 한다. 돈이란 어느 정도는 의무적으로 써야 한다.

돈은 흐름이다. N처럼 흐름을 막고 가두어 놓기만 하면 언젠가 돈은 더 이상 들어오지 않고 모아놓은 돈도 맥없이 소진된다. 그런데 정작 더 큰 문제가 있다. 어쩌면 이것이 가장 문제다. 그것은 바로 지나치게 절약하는 생활습관 때문에 가족들의 영혼이 현재 심하게 위축되어 있다는 사실이다. 한 치의 여유도 없이 각박하게 살고 있으니, 불행이나 불운에 대한 저항력이 아예 없는 상태다. 한번 무너지면 재기할 힘도 없다. 그들의 영혼은 옥죄어져 있어 아무런 활동도 하지 못하고 재앙만 기다리는 셈이다. 세상을 바라볼 힘이 아예 없고, 어둠 속을 걸어가는 것과 같은 상황이다.

뇌화풍이라는 괘상은 어둡다는 뜻도 있다. 태양이 땅 아래 깊은 곳에서 나오지 못하는 것이다. 이들은 오래 살지도 못할 것이다. 영혼의 활동이 정지되어 있는데 몸의 건강인들 잘 지켜지겠는가? 앞에 나온 L보다 N이 더 위태롭다. 쓰는 것은 조절이 가능하다. 너무 많이 쓴다 싶으면 줄일 수 있다. 그러나 지나치게 절약하다 보면 변화에 대처할 능력도 상실된다. 인간관계는 어떻게 되겠는가?

이런 집안 사람과 누가 사귀고 싶어 할까? 운명이란 인간과 교류
하면서 좋아지는 법인데 N의 가족은 현재 심하게 고립되어 있다.

☷
택수곤
: 호수가 말라감, 재정압박이 심해진다는 뜻

☷
뇌화풍
: 어두움, 고립, 축적, 몸이 무거워진다는 뜻

좋은 땅에서
좋은 기운이 나온다

P는 얼마 전 직장에서 정년퇴직한 성실한 사람이다. 아직 노년이라고 할 수는 없고 이제 새로운 일을 찾아야 할 때였다. P는 먼저 이사를 단행했다. 수십 년을 살던 집을 떠나기로 한 것이다. 새로 장만한 집은 신도시 변두리의 한적한 마을이었다. 이곳은 P가 틈틈이 찾아와서 눈독을 들인 곳으로 공기가 맑고 경치도 좋았다. 신도시의 중심지역으로부터는 좀 떨어져 있었지만, 주위에 전철역도 있었고 중심지역으로 가는 데 5분 남짓이면 충분했다. 서울까지도 1시간 20분 정도의 거리여서 가족들이 모두 좋아했다. P는 퇴직 후 이곳에 새롭게 자리를 잡았다.

　이사한 후 자식들은 전철을 타고 서울로 출근하는 것을 마다하지 않았고, P 역시 신도시 중심지역에서 새로운 사업을 시작할 생각이었다. 우선은 새로운 동네에 적응해야 했는데 아주 편안했다. 맑은 공기를 마시며 수려한 경치를 보다 보니 P는 이곳이 마치 낙원처럼 느껴졌다. 가족들도 모두 만족스러워했고 주말이면 주변을 둘러보는 것만으로도 즐거웠다. 멀리 여행을 갈 필요도 없이 자연이 가까웠기 때문이다. P의 가족들은 서울 한복판에서 긴 세월을 살았기 때문에 "이런 세상도 있구나!" 하고 새삼 놀랐다. 모두 새로운 곳에서 잘 적응하며 지내고 있다.

이런 환경은 손위풍(☴)이라는 괘상에 해당한다. 새로운 기운이 운명으로 유입되는 곳이다. 이곳과 비교하면 서울 한복판은 진위뢰(☳)에 해당하는데, 이런 괘상이라면 인생에 발전은 있겠지만, 쉽게 지치고 생각이 가로막히는 단점이 있다. 사람이 지치면 운명도 지친다. 그러나 손위풍의 지역은 새로운 기운을 충전할 수 있어 P는 새로운 기회를 맞게 될 것이다.

P는 직장에 다닐 때 틈틈이 배워둔 기술이 있었다. 그 기술을 활용해 신도시 중심가에서 사업을 시작했다. 넓은 대지의 기운이 끊임없이 찾아와 P의 몸과 마음에 생기를 주었다. 덕분에 사업은 아주 잘 풀려나갔다. 평생 축적된 스트레스는 어느새 사라졌고 가정생활 역시 마치 신혼 시절 같았다. 자식들도 비슷한 상황이었다. 이들도 새로운 기운을 흡수해 앞날에 큰 성공을 기대해볼 만했다.

운은 바람처럼 통하고 전기처럼 온다. 사람의 운명은 사는 곳을

2 그 징조는 어떤 미래를 알려주는가?

잘 정하는 것만으로도 절반은 성공이다. 특히 손위풍 지역은 그 기운을 흡수해서 활용하면 무한한 발전을 이룩할 수 있다. P는 점점 더 건강해질 것이고 수명도 늘어날 것이다. 서울 같은 진위뢰의 도심에서 오랫동안 살아온 현대인은 새로운 기운을 보충할 필요가 있다. 사는 집까지 옮길 수는 없겠지만, 때때로 너른 들판의 기운을 흡수할 수 있는 장소를 찾아가는 것 역시 분명 도움이 될 것이다.

도로가 반듯하고 깨끗한 동네를 선택해야 하는 이유

C는 자그마한 편의점을 운영하는데 요즘 들어 손님이 거의 없다시피 했다. 특히 비가 오는 날이면 아예 가게 근처에 사람 발길조차 없다. 그래서 C는 열심히 일하지 않는다. 열심히 해봐야 되는 일이 없기 때문이다. 오늘도 출근을 할까 말까 고민하다가 그냥 누워버렸다. 비도 오는 데다 가게까지 무거운 몸을 이끌고 나가는 것도 쉽지가 않다.

C가 사는 골목은 보도블록 공사가 잘못되어 비가 조금만 와도 다닐 수가 없다. 강인지 길인지 구별이 안 될 지경으로 물이 고이기 때문이다. 그래서 내내 비가 온 며칠간 C는 집 밖에 나가지 않았다. 어느새 비는 그쳤지만, 골목길은 아직도 여기저기에 물이 고여 있을 것이다. 잘 피해서 통과할 수도 있겠지만, 자칫하면 발

이 물에 빠져 구두도, 양말도 흠뻑 젖는다.

C는 장사고 뭐고 다 집어치우고 이사부터 해야겠다는 생각을 한 지 오래다. 그래서 오늘도 나가기가 싫었다. 그래서 한참을 자고 하루를 더 보냈다. 자포자기하는 심정으로 "될 대로 되라." 혼자 투덜대며 잠이 들었다.

그런데 잠을 깨고 나니 골목길에 이상한 일이 일어나 있었다. 골목길에 새 보도블록이 깔린 것이다. 며칠 전부터 조용히 공사가 진행되었는데 C는 모르고 있었다. 새 보도블록은 시멘트로 만든 흔한 것이 아니라 화강암으로 된 아주 큼직하고 튼튼한 것이었다. 아주 고급스러운 보도블록으로 바뀌고 나니 이제는 비가 와도 물이 고이지 않았다. 폭우가 와도 물이 고이지 않고 어느새 다 없어져 버리는 것이다.

C는 싱글벙글하면서 골목을 거닐어보고 이제 생각났다는 듯이 급히 출근을 했다. 일주일 만이다. 길이 단단한 화강암으로 되어 있으니 마음이 든든하고 상쾌했다. 그래서 이제부터라도 마음을 고쳐먹고 열심히 출근해보겠다고 생각했다. 그래서 그런지 첫날은 제법 손님이 있었다. 그리고 그다음 날은 손님이 잔뜩 몰려왔다. C는 바쁜 하루를 보내고 집으로 돌아왔다. 그리고 다음 날도 즐거운 마음으로 출근했다. 그런데 이게 웬일인가! 손님은 쉬지 않고 들어왔다.

이후 며칠간 이런 날이 계속되면서 장사가 잘되었다. C의 가게는 예전과 달리 장사가 잘되었고, C는 마치 운명이 바뀐 듯했다. C는 모르고 넘어갔지만 그가 겪은 것은 대단히 상서로운 징조였다. 이는 뇌지예(☳☷)라는 괘상인데 이는 잠자는 거리가 일어난다는 뜻이고 새로운 일이 발생한다는 뜻이다. 단단한 화강암은 우레에 해당하고, 그것이 땅 위에 깔렸으니 뇌지예인 것이다.

C 역시 뇌지예의 징조대로 새로운 운명을 시작했다. 그 정도의 징조라면 C뿐만 아니라 동네에 사는 다른 누군가에게도 좋은 징조가 될 수 있다. 실제로 같은 동네에 사는 할머니는 어느새 병환을 떨치고 건강을 회복했다고 한다. 이처럼 징조에는 공동의 징조도 있다. 도로가 새 단장을 하게 되면, 누군가는 징조의 덕을 보게 되어 있다. 그리고 이사할 곳을 알아볼 때도 가급적이면 도로가 반듯하고 깨끗한 동네를 선택해야 한다. 도로상태를 보면 동네의 운을 알 수 있는 셈이다.

장소가 주는 좋은 기운으로 사람 고민 해결

A는 최근에 사무실을 새로 마련했다. 그동안 쓰던 사무실이 있었지만, 왠지 이사를 하고 싶어서 새로 옮긴 것이다. 기존에 쓰던 사무실이 특별히 불편한 것은 아니지만 약간 지루하다는 생각이 들었다. 기분을 새롭게 하기 위해 옮긴 셈인데 실제로 사무실을

옮기고 나니 기분이 매우 좋았다. 교통도 전보다 편리해졌고 면적도 넓었다. 게다가 집세도 조금 쌌다. 그리고 새 사무실로 이사한 직후부터 몸의 컨디션도 좋아지고 주변 동료들과의 협조관계도 좋아진 것이다.

이에 A는 운명이 좋아질 것이라는 느낌이 들었다. 그저 느낌이 그렇다는 것이지만, 사무실을 이전한 후에는 새로운 걱정거리가 별로 생기지 않았다. A는 걱정이 끝이 없던 사람이었는데 이사한 후부터는 그런 것도 말끔히 사라졌다. 특히 사람 문제로 번민이 많았는데 그 역시 눈 듯이 사라졌다. 이것은 분명 징조였다. A는 《주역》을 공부한 사람이어서 좋은 징조가 발생했음을 직감했다.

A의 징조는 《주역》의 괘상으로 수택절(䷯)이라고 부른다. 물이 연못을 만난 것과도 같은 뜻이다. 이는 오랜 방황이 끝남을 의미한다. 당분간은 이 징조 안에서 좋은 운명이 전개될 것이다. 이 괘상은 계획이 빗나가는 일도 없고 인간관계가 좋아진다는 것을 예고한다. 이제부터는 마음먹었던 일들을 차분히 준비하면 된다. 운명의 징조가 좋은 이상 사람이 지혜롭고 성실하기만 하면 되는 것이다. A는 욕심이 많지 않은 사람이어서 현상 유지를 잘하는 편이다. 물이 연못에 들어가 안정을 취하는 상황이니 서두를 것이 없었다. 상식적인 범위 내에서만 일을 추진해도 순리대로 잘 풀려나갈 것이다. 운명이 좋아진다는 것은 이런 식이다.

물론 수택절은 소위 대박이 터지는 그런 것은 아니다. 하지만 평화롭게 운명이 전개될 것이니 이로써 만족해야 할 것이다.

대부분 사무실을 얻는 것에서부터 사업을 시작한다. 결혼 역시 새집을 마련하는 것으로 시작한다. 요점은 땅이다. 좋은 땅에 깃들어야 시작이 원만한 법이다. 장소의 운은 일단 시작을 쉽게 하는 것으로 발동된다. 그래서 신혼집이나 새로운 사무실을 마련할 때는 여러 날 생각해봐야 한다. 시작이 반이라는 말도 있지만, 운명을 일으킬 본부가 잘 마련되면 좋은 아이디어도 척척 떠오르는 법이다. 땅, 즉 장소가 사람한테 주는 힘이 바로 그것이다.

인생이든 사업이든 시작의 장소가 가장 중요하다. 장소는 천지인 3재 중에 지(地)에 해당하므로 만물은 땅으로부터 시작된다. 열심히 일하고 좋은 생각을 떠올리는 것은 그다음이다. A는 지금 가까운 장래에 발생할 좋은 운을 기다리는 중이다.

☰ 손위풍
: 새로운 기운을 충전한다는 뜻

☷ 진위뢰
: 인생에 발전은 있으나 지치고 생각이 한정된다는 뜻

☶ 뇌지예
: 잠자는 거리가 일어나고 새로운 일이 발생한다는 뜻

☱ 수택절
: 물이 연못을 만남, 오랜 방황이 종결된다는 뜻

운을 바꾸려면
숨통이 트이는 장소로 가라

사는 곳은 우리를 둘러싼 환경 중 아주 중요한 요소로, 장소 역시 중요한 징조다. 장소가 운명을 바꾸는 것에 관해 조금 더 이야기 해보겠다. E는 최근 사업이 완전히 망가졌다. 잘되던 사업이 갑자기 안 좋은 흐름을 타면서 몇 개월 만에 초토화된 것이다. 빚을 내서 사업을 시작했기 때문에 막다른 길이었다. 애초에 실패하면 커다란 위험이 닥치게 되어 있던 것이다. 이런 사업은 원래 진행해서는 안 되는 것이었다.

《손자병법》에서 손자는 "패했을 때의 피해를 모르는 자는 승리의 이익을 논할 수 없다."고 말했다. E가 바로 그런 사람이었다. 너무 큰 위험을 무릅쓴 것이다. 물론 충분히 생각하고 승산이 있어 진행했겠지만, 좀 더 생각을 했어야 했다. 성공확률이 99%라 하더라도 큰 빚을 내야 할 때는 1%의 실패가 가져오는 피해를 감당할 수 있는가를 따져봐야 한다. E는 지금 그런 상황에 처했고, 분명 인생 전체의 위기였다.

E는 집도 경매로 넘어갔고, 어쩔 수 없이 이사를 가야 했다. 일단 가진 돈에 맞춰 변두리의 아주 험한 곳에 위치한 자그마한 월셋집으로 이사를 했다. 여기서 '험한 곳'이란 우범지역을 말하는 것이 아니라 그 지역의 풍수가 아주 나쁜 곳이라는 뜻이다. E는 재기를 꿈꾸며 불편도 마다하지 않겠다고 생각했지만, 이것 역시 생각을 좀 더 했어야 옳았다. 사람이 한 번 실패하고 나면 잠시 동안은 정신에 혼란이 오는 법이다. E도 그랬다. 재기하려면 더더욱 풍수가 좋은 곳으로 가야 하는데, 하필 선택한 곳이 운명을 더욱 나쁘게 만드는 곳이었다.

비탈길을 너무 오래 보면 영혼도 기울어진다

물론 E는 풍수를 모르고, 그저 형편이 맞는 집을 골랐을 뿐이다. 그런 큰 실패 후에 이사 갈 곳은 더욱 신중해야 하는 법이다. 특히 동네를 잘 선택해야 한다. 부자 동네로 가라는 것이 아니라, 달동네를 피하라는 것이다. 부자 동네도 풍수가 나쁜 곳이 있고, 달동네라 해도 풍수가 아주 좋은 곳이 있다. 나의 경우를 보면 평생 부자 동네에서 살아보지는 못했지만, 풍수는 잘 선택했다. 아주 값싼 집이라 해도 풍수가 좋은 곳은 얼마든지 있다. 그러나 E는 사업에서 큰 실패를 하고 더욱 나쁜 곳, 최악의 지역으로 이사를 했다. 그곳은 온 동네 사방 일대가 비탈길로 이루어져 있다. 눈이나 비가 올 때 걸어서 다니기가 아주 불편한 곳이었다.

이런 지형은 천지부(☰☷)라고 한다. 풍수가 최악인 곳이다. 군대조차도 이런 지형에 진을 치면 안 된다. E는 사업 실패 후 그저 비나 피할 수 있는 곳이면 된다는 식으로 아무 생각 없이 이사를 했다. 그런데 새로 이사한 곳은 문제가 많았다. 집과 집 사이의 간격이 너무 좁았다. 거의 없는 것이나 마찬가지였다. 달리 말하면 동네 전체가 하나의 집처럼 다닥다닥 붙어 있었다. 그리고 그 지역에 거주하는 인구수가 너무 많았다. 이는 지수사(☵☷)라는 풍수인데 음습한 기운이 도사리고 있다는 뜻이다. E는 천지부의 동네로 간 데다 그중에서도 인구 밀집 지역으로 이사를 한 것이다.

E는 이사 후 열심히 밖으로 일을 찾아다녔다. 투지는 가상했다. 그러나 일을 마치고 집으로 돌아오면 땅의 기운을 그대로 받는다. 풍수의 기운이 곧 땅의 기운이다. 비탈길을 너무 오래 보면 영혼의 자세도 기울어진다. 그러나 방은 반듯했으니 최악은 아니다. 다만 보이지 않는 옆집들과 그 옆집들에 꽉 들어찬 인구가 문

제다. 이런 상황은 지수사라는 괘상에 해당하는데 이는 재앙과 재난이 잠복하고 있다는 뜻이다. 사람이 사는 집은 간격이 어느 정도는 있어야 하는 법이다. 간격 없이 꽉 들어차 있는 곳은 영혼의 활동이 제한된다. 또 인구가 너무 많은 곳은 영혼이 두려워한다. 치안의 문제가 아니다. 영혼은 다른 영혼을 피하는 법이다. 불안하기 때문이다. 영혼은 다른 영혼에서 나오는 기운을 몹시 싫어한다. 이는 불안의 원인이 되는데, 무슨 사건이 터질지 모른다는 뜻이다.

영혼은 겁이 많다. 그래서 영혼은 외딴곳에 머물기를 좋아한다. 산속 폐가가 그런 곳이다. 사람이 보기에는 무서운 곳이지만 영혼이 볼 때는 편안하기 그지없는 곳이다. 사람이 없기 때문이다. 따라서 다른 영혼이 발출하는 흉한 기운도 없다. 영혼이란 평평하고 전망이 좋은 곳에서 기운이 발생하며 그렇지 않은 곳에서는 사그라진다. 영혼이 크게 활동할 수 있는 곳이 바로 풍수가 좋은 곳이다. 그런데 E는 그 반대인 곳에 가 있다. 이로써 생활은 더욱 곤궁해질 것이다. 무엇보다도 걱정스러운 것은 건강을 잃을 우려가 있다는 것이다.

E는 현재 건강하고 사업 실패에 따른 실망도 극복하는 중이다. 이는 좋은 일이다. 하지만 운명을 개선하기 위해서는 땅의 기운과 하늘의 기운이 있어야 한다. 사람 자체의 기운까지 합치면 이

는 천지인(天地人)이 모두 합쳐진 것으로 운명 역시 순식간에 개선될 수 있다. 그러나 E는 사람 자체의 기운은 충분하지만 땅의 기운을 공급받지 못하고 있다. 다행히 아직 투지가 살아 있고 그의 아내도 이해심과 인내심이 있다. 이것은 그에게 아직 남아 있는 희망이다.

E는 땅의 기운을 못 받는 정도가 아니라 땅의 기운이 공격해 오는 곳에 있는 셈이다. 그의 정신력이 이를 이겨낼지는 미지수다. 천지인의 3가지 기운 가운데 인의 기운이 있으므로 완전히 망하지는 않겠지만, 하늘의 기운은 그의 활동력에 따라 좋아질 수도 있고 그렇지 않을 수도 있다. 애처로운 일이다. 사업이 그토록 크게 망했다면 이후에는 좀 더 좋은 곳에 정착했어야 하는데, 어쩔 수 없다. 이 또한 운명이 아니겠는가!

평소에 천지인의 기운을 잘 살펴야 한다. E 역시 평소에 이 3가지 기운의 조화를 잘 이루고 살았다면 그렇게 심하게 실패하지 않았을 것이다. E는 하늘의 기운, 즉 때를 살피지 못했다. 이제 땅의 공격을 받을 환경에 놓였지만, 스스로의 정신력으로 살아남기를 바랄 뿐이다. 호랑이한테 잡혀가도 정신만 차리면 된다고 하지 않았는가?

통로가 시원스럽지 못하면 운도 막힌다

나는 언젠가 초청을 받아 강연을 한 적이 있다. 어느 관공서였고 10여 명이 모인 자리였다. 주제는 풍수에 관한 것이었다. '풍수'라고 하면 사람들은 묫자리를 가장 먼저 떠올리는데, 사실 묫자리만 다루는 학문은 아니다. 궁궐을 짓는다거나 나라의 수도를 정하는 일도 풍수다. 오늘날에도 행정수도를 새로 만든다거나, 집에 정원을 새로 꾸미는 것, 건물이나 아파트를 짓는 것 등을 풍수에서 다룬다. 나는 청중들에게 풍수의 기본원리를 소개하고 사례를 들어 재미있게 강의했다. 강의를 마치고 질문을 받았다. 누가 손을 들며 물었다.

"선생님, 이곳의 풍수는 어떻습니까?"

강연장은 관공서 특유의 분위기가 강했고, 주로 업무를 보는 장소이다 보니 실용적으로 배치하는 데 집중한 것 같았다. 나는 답했다.

"이곳은 흉한 장소입니다."

나의 대답에 모두 놀랐고, 특히 그중에 간부로 보이는 듯한 분이 비웃듯이 미소를 지으며 다시 물었다.

"아니, 어째서 이곳이 흉합니까?"

정말 궁금해서 하는 질문인지, 그럴 리가 없다는 반박인지 모르겠지만, 나는 진지하게 대답해주었다.

"이곳은 일단, 걸어 다니기가 불편합니다. 각자 숨어 지내기는 좋지만, 화장실을 간다거나 출입문을 향해 갈 때 몹시 불편합니다. 게다가 이곳은 평수도 넓고 근무하는 인원이 그리 많지 않은데도 아주 좁게 느껴집니다. 여러분 중에 이곳이 시원하게 트였거나 넓다는 느낌을 가져본 분이 있습니까?"

나는 반문했고 한 사람도 대답하지 못했다.

그곳은 과연 그런 장소였다. 일부러 숨어서 일하기 좋게 가구를 배치했고 가까운 길도 돌아가도록 만들었다. 여러 사람이 고개를 끄덕였고 간부들은 멋쩍어했다. 그들은 일부러 그렇게 만든 것을 스스로 알고 있음이 분명했다. 나는 한마디 덧붙였다.

"이곳은 군대의 진지 같은데 그나마도 편치 않습니다. 군대의 진지라 해도 그 안에서 편안해야 하는 법입니다. 이곳은 왜, 누가 이렇게 만들어 놨는지 궁금하군요."

나는 체면 불고하고 할 얘기를 다 했다. 선의로 초청을 받아 강의하는 사람으로서 미안한 일이지만, 보아하니 그들 중 몇몇 사람이 풍수 이론을 비웃고 있었기 때문에 나는 진실을 가감 없이 밝힌 것이다.

그런 장소는 간위산(☶)이라고 부르는데, 일반 가정집에서 가구 등을 이렇게 배치하면 절대 안 된다. 이는 사업이 망하고 성장하지 못하며 자식들도 출세하지 못한다는 뜻이 있다.

옥내풍수에서 가장 중요한 것은 통로확보다. 통로를 시원스레

확보하고 그다음에는 그 장소 어딘가에 넓은 곳, 이른바 숨통이 트이는 곳이 있어야 한다. 살림살이도 너무 꽉 들어찬 집은 오래 견디지 못하고 가세가 기울게 되어 있다. 심한 경우는 가족 구성원 중에 누군가 중병을 얻기도 하는 것이다.

집 밖의 환경도 이와 비슷한 점을 기준으로 삼아 판단할 수 있다. 통로가 너무 복잡하고 좁으면 나쁘다. 동네 근처에 공원이 있으면 아주 좋다. 이사를 하는 사람은 먼저 주변 도로가 어떤지, 가까이에 공원이 있는지 등을 살피고, 집 안에는 짐을 좀 줄이더라도 시원하게 트여 있는 공간을 확보해야 한다. 요즘은 건축기술이 발달하여 좁은 평수도 넓게 설계되어 있다. 집이란 아기자기하고 복닥복닥한 곳보다는 숨통이 트이는 곳이 좋다. 이런 것을 무시하고 살면 평생 좋은 운을 맞이할 수 없다.

천지부
: 기울어진 땅이라는 뜻

지수사
: 음습한 기운이 잠복한 곳이라는 뜻

간위산
: 사업이 망하고 성장하지 못하며 자식들도 출세하지 못한다는 뜻

3

운명이란
무엇이고,
징조는 어떻게
발생하는가?

신은 왜 인간이
미래를 아는 것을 금지시켰나?

이제부터는 조금 어렵더라도 이론적인 이야기를 해보겠다. 어쩌면 우리가 궁금해하는 운명은 미래의 다른 말이다. 그렇다면 시간이란 무엇이고, 인간은 왜 미래를 알고자 하는지, 미래는 어떻게 만들어지는지, 미래를 알 수 있는지, 미래에서 온 징조라는 운명의 힌트가 어떤 원리로 현재의 우리에게 올 수 있는지 등을 다양한 각도에서 살펴봐야 한다. 그것을 이해한다면 단순히 징조를 해석하는 것을 뛰어넘어, 운명이 만들어지거나 바뀌는 메커니즘을 이해할 수 있을 것이다.

휠체어에 탄 모습으로 유명한 세계적인 과학자 고(故) 스티븐 호킹 박사는, 블랙홀을 깊게 연구한 끝에 심원한 결과를 발표했다.

블랙홀 내에서도 정보는 손실되지 않고 보존된다는 것이다. 이것은 종래의 그의 학설과 대치되는 것이었다. 그는 기존에 자신이 주장해온 것을 수정했다. 자신의 학설을 뒤집고 새로운 이론을 내놓은 과학자는 또 있다. 바로 아인슈타인이다.

호킹 박사의 블랙홀 연구결과는 우주에서 어떤 정보도 소실되지 않는다는 것이고, 이는 우주에 있던 모든 역사가 보존된다는 뜻이다. 더 쉬운 말로 하면 "과거는 없어지지 않는다."는 것이다.

어쩌면 이것은 복잡한 수학공식으로 풀지 않아도 우리가 상식적으로 알 수 있는 것이다. 언제부터인지는 모르겠지만, 인류는 우주의 모든 역사가 소멸하지 않는다는 것을 암암리에 깨달았던 것 같다. 그렇지 않은가? 만약 과거의 역사가 보존되지 않는다면 우주는 무의미해지고, 윤리적으로 죄라는 것도 성립하지 않을 것이다. 다만 우리는 직감으로 이해한 것을 호킹 박사는 깊게 연구해 그 결과를 세상에 내어놓았다는 것이다.

어쨌거나 우리의 우주가 그러한 특성을 가졌다는 것에 나는 대단히 안도감을 느낀다. 과거가 잊혀지고 사라져버려 무의미해진다면 우리가 살 필요가 있을까? 호킹 박사는 우주에 한 번 일어난 일은 영원히 그 내용이 남아 있다는 자연의 비밀을 발견하고, 거기에 하나의 의견을 덧붙였다. 그렇다면 과거는 그렇다 치고 미래는 어떻게 존재하는가?

과거라는 것은 더 먼 과거로부터 이어져 온 레일과 같은 것이다. 요지부동이고 원인과 결과가 분명하다. 그러나 미래는 아직 존재하지 않고 우리에게로 찾아온다는 것인데 이 뜻이 애매하다. 과학자들은 미래란 확률적 존재라고 말하는데, 이는 수학적 개념을 빌려 표현한 것뿐이지 그 뜻은 정확하지가 않다.

미래와 과거는 현재라는 시점으로부터 존재의 양상이 현저히 바뀐다. 미래는 요동치는 존재다. 하지만 미래가 분명히 현재로 오고 있는 것을 감안할 때 미래도 과거처럼 레일 위에 존재하는 것처럼 보인다. 그러나 그것이 아니다. 미래는 과거처럼 고정되어 있지 않고, 어떤 미래는 존재할 뻔하다가 취소되기도 한다.

미래의 문제는 얘기하면 할수록 뜻을 알 길이 없으니 이 정도로 끝내자. 다만 우리는 '미래' 자체가 아니라 '미래의 일'에 관심을 가질 뿐이다. 미래가 무엇이든 간에 어떤 미래가 당첨(?)되어 현재와 이어져 내 인생에 나타날 것인가? 우리는 미래가 아닌 미래의 어떤 일을 알고자 하는 것이다.

오늘은 분명한데 왜 미래는 정확히 알 수가 없는가? 이 문제에 대해서는 호킹 박사가 깊게 연구했다. 호킹 박사의 결론은 이렇다. 미래를 아는 것이 자연의 법칙상 금지되어 있다는 것이다. 다른 말로 하면 신은 인간이 미래를 아는 것을 금지시켰다는 뜻이다. 미래는 알기 어려운 정도가 아니다. 그것을 알려고 하는 것조차 자연의 법칙이 금지시킨다는 것이다. 호킹 박사는 절망했다. 과학적으로는 미래를 알 수 없다는 것에 실망했기 때문이다. 그러나 우리는 아직도 미래를 알고자 하는 것을 포기할 수 없다. 그래서 미래를 아는 방법으로 점이나 징조 해석 같은 수단을 활용하는 것이다.

그렇다면 점과 징조를 통해서 미래를 아는 것 역시 금지되어 있다는 뜻인가? 이 문제도 뒤에 가서 더 자세하게 설명하겠지만, 답은 "아니오."다. 미래는 점과 징조를 용납한다. 거기에는 충분한 이유가 있다. 이는 점과 징조 해석의 뜻을 확실히 알아야 이해할 수 있을 것이다.

미래를 슈퍼컴퓨터로
계산해서 알 수 있을까?

프랑스의 수학자 피에르 시몽 라플라스는 미래를 알고 싶어 하는 사람들에게 저서 《확률에 대한 철학적 시론》에서 "세상에 어떤 악마가 있어 현재의 모든 일을 알 수만 있다면, 이를 계산하여 미래를 알 수 있다."고 말했다. 자연을 움직이는 모든 힘과 자연을 이루는 존재들의 각 상황을 한순간에 파악할 수 있는 존재가 있다면, 불확실한 것은 아무것도 없을 것이고, 그러면 과거와 마찬가지로 미래를 알 수 있다는 뜻이다.

라플라스는 나폴레옹의 수학교사로, 당시 유럽의 저명한 수학자였다. 그는 '어떤 악마'라는 이름을 빌려서 얘기했지만 어쨌거나 미래는 계산할 수 있다고 천명한 것이다. 그러나 라플라스가 얘기한 것은 자연의 모든 것, 즉 먼지 하나 혹은 그보다 수억 배 작은 물질의 입자 하나까지도 다 계산해야 결과를 알 수 있다는 뜻이다. 여기에 사람의 마음이나 운명까지도 고려해야만 미래를 계산해낼 수 있다.

이것은 현재로서는 불가능하지만, 원리만 놓고 보면 가능하다. 라플라스는 그 점을 지적한 것이다. 먼 미래에 현재를 완벽하게 방정식으로 표현하고, 이를 풀어 미래를 알 수 있는 날이 올지도 모른다고 생각한 것이다.

실제로 오늘날 기상예보는 상당히 정밀해졌다. 현재의 기상조건을 나타내는 방대한 데이터를 수집해 슈퍼컴퓨터로 계산하면 잠시 후 미래의 변화를 예측할 수 있다. 같은 방식으로 다른 모든 것을 감안할 수 있다면 정말 미래를 계산해낼 수 있지 않을까? 그러나 현재를 이루는 모든 것을 감안한다는 것이 과연 가능할까? '현재의 모든 것'이 어떤 것인지조차 알 길이 없지 않은가? 미시적 영역으로 파고들면 끝이 없는 듯하고, 큰 것들은 계산과 별도로 이미 미래가 정해져 있는 듯하다. 이것이 과학인지 철학인지조차 알 수가 없다. 다만 라플라스는 과학으로 미래를 풀 수 있다고 생각한 것 같다. 앞으로 어찌 될지 두고 볼 일이다.

한편, 공상과학 소설에는 아예 타임머신 얘기가 나온다. 잠시 후의 미래를 계산하는 게 아니라 그냥 그곳으로 간다. 가서 보는 것이 가장 확실한 것 아닌가! 현대 과학에서는 시간여행이 가능한 것으로 결론이 내려져 있다. 좋은 세상이 오기를 기다려봐야 할 것 같다. 미래를 미리 알아서 모든 것을 대비할 수 있다면 얼마나 좋을까? 땅값이 오를 곳을 미리 안다거나, 앞으로 오를 주식을 사둘 수도 있다. 미래에 배신할 사람도 미리 알아서 피할 수 있다.

어쩌면 정말 이런 날이 오면 인간은 신의 비밀을 다 알아낼 것이다. 미래는 신의 비밀이다. 이것을 알기 위해 인간은 수많은 방법을 연구해내고 실행하는 중이다.

정해져 있지 않은 미래는 어떻게 존재하는가?

현대 과학자들은 '시간'이라는 문제에 적극적으로 도전하기 시작했다. 이는 철학이나 종교가 아닌 실제의 자연과학적 접근을 시도한 것이다. 처음에는 "시간이란 무엇인가? 그리고 그것은 어째서 미래로 흘러가는가?"라는 질문에서 시작했다. 그 결과 많은 것이 밝혀지고 이제 시간은 신의 비밀이 아니라 인류의 문제가 되었다.

시간에 관해 과학자들이 연구한 내용은 무수히 많다. 여기서는 우리가 쉽게 이해할 수 있는 것들에 대해서만 알아보겠다. 먼저 고찰할 것은 시간이란 완전히 현재가 원인이 되어 미래가 나타나는가다. 이것은 부정적인 결론이 나왔다. 시간이란 인과의 레일 위를 달리는 것이 아니고, 미래는 정해져 있지 않다는 것이다. 미래는 분명 있다. 그러나 정해져 있지 않다. 사실 이 말은 쉽게 이해가 되지는 않는다. 과거는 분명 정해져 있다. 그러므로 미래라는 것도 정해져 있어야 하는 것 아닐까?

그리고 정해져 있지 않으면서 존재한다는 것은 또 무슨 뜻인가? 이 문제에 대한 답은 최첨단 물리학인 양자역학에서 도출했다. 결론을 미리 말하면, 앞서 언급한 프랑스의 수학자 라플라스가 얘기한 것처럼 미래는 계산의 결과가 아니다. 라플라스는 우주의 모든 것을 계산하여 그 연장선에서 미래는 인과율로 귀결한다고 주장했다. 그런데 그것이 아닌 것으로 판명이 난 것이다.

인간의 계산능력이 부족해서일까? 그것은 아니다. 시간은 계산의 문제가 아니기 때문이다. 이유를 따져보자. 원인은 결과를 만든다는 것을 우리는 잘 알고 있다. 하지만 여기에는 큰 문제가 하나 있다. 원인이 결과를 만들기는 하지만, 천편일률적으로 늘 그렇게 되지는 않는다. 하나의 원인이 여러 가지 결과를 만들 수 있다는 뜻이다. 어떤 원인은 아예 결과를 못 만들고, 어떤 원인은 만들어내는 결과의 경우의 수가 무한대다. 그래서 미래는 알아내기가 무척 어려운 것이다.

프랑스의 수학자이자 물리학자 푸앵카레는 3가지 원인이 합쳐지면 어떤 일이 일어나는지를 계산했다. 삼체문제(三體問題, problem of three bodies)로 알려진 것인데, 3개의 질점이 만유인력으로 당기며 운동할 때 그 궤도를 구하는 문제다. 이것은 태양계의 안정에 관한 것으로 현재 태양계는 큰 변화 없이 잘 운행되고 있다. 왜냐하면 태양계 내에 있는 행성들이 서로 균형을 잘 만들고 있기 때문이다. 그러나 이 상태가 영원하리라는 보장은 없다. 앞서 말한 3개의 질점(행성)이 만유인력으로 묶여 법칙에 따라 움직이고는 있지만, 그것은 언젠가 깨질 수도 있다. 그렇게 되면 원인으로 결과를 만들 수 없다는 뜻이 된다.

푸앵카레는 단언했다. 태양계는 언제든 무너질 수 있는데 그것을 계산해낼 수는 없다고 말이다. 고작 3개의 원인을 가지고도 이렇다면, 원인이 무수히 많을 때는 미래를 어떻게 계산해내겠는가! 결국 이것은 인간의 능력을 뛰어넘는다. 그러므로 미래를 계산하는 문제는 자연의 법칙이 미래를 알 수 없게 만들었다고 볼 수밖에 없다.

호킹 박사의 말대로 인간이 미래를 알아낼 수 없도록 자연의 법칙이 금지시킨 것 아닐까? 미래는 과연 신의 비밀인가? 현실을 보면 많은 현상이 벌어지고 있고, 그것들은 모두 미래로 향해 나아간다. 그러나 그 정확한 방향은 알 수가 없다.

같은 의미로 현재와 상관관계가 있는 과거도 없어진다. 결과로 만들어진 현재는 어떤 과거로부터 왔는지 알 수 없다는 뜻이다. 우리가 정확히 알 수 있는 것은 현재뿐이다. 그러나 인간은 기필코 미래를 알고자 애쓴다. 이것은 태초에 인류가 시작될 때부터 대두되어온 문제다. 그러나 미래를 알기란 여전히 쉽지 않다. 앞에서 살펴봤듯이 계산으로는 절대 알 수 없는 영역이 미래이기 때문이다.

그래서 사람들은 점을 치거나 징조를 해석하는 데 집중했다. 미래를 조금이나마 알고자 하는 인간의 몸부림인 셈이다. 자세히 알면 알수록 점이나 징조 해석으로 미래를 조금이나마 예측할 수 있다는 것이 밝혀졌다. 때문에 점과 징조는 여러 인류 문명 속에 자리 잡게 된 것이다. 점과 징조가 타임머신을 타고 미래로 가서 직접 목격하고 돌아오는 것은 아니다. 그러나 미래의 요점을 알아낸다면 대단히 유용할 것이다.

점과 징조에 대해서도 아직은 연구할 과제가 많다. 하지만 우리는 이미 점과 징조를 사용하고 있다. 앞으로의 발전은 전문 연구가에게 맡기면 된다. 다만 점과 징조는 전문적인 이론을 깊게 알지 못해도, 그것을 사용하는 데는 전혀 지장이 없다는 사실을 유념해야 한다.

미래란 알 수 없는 방법으로
존재하는 '확률'이다

신은 수학자라는 말이 있다. 이는 자연계의 현상을 들여다보면 모든 것이 수학적으로 계산 가능한 구조로 되어 있기 때문이다. 만유인력만 해도 그렇다. 이 법칙은 수학적으로 완벽하게 정의되어 있다. 그 외에 무수히 많은 현상이 모두 계산 가능한 영역에 있다는 것이 밝혀졌다. 경제든 과학이든 그 어떤 것도 수학의 범위 내에서 계산할 수가 있다. 과학자들은 어떤 현상에 대해 수학적 구조가 밝혀져 있지 않다면, 그것은 인간이 아직 그 현상을 제대로 이해하지 못한 것이라고 말한다. 언젠가 인간이 그 현상의 수학적 구조를 밝혀낸다면, 그 사물은 비로소 정복된다. 그래서 신은 수학자라는 말이 나온 것이다.

그러나 과학이 발달할수록, 자연계 내부에 계산으로는 도무지 알 수 없는 영역이 굉장히 많다는 것이 점점 더 밝혀지고 있다. 미래만 하더라도 그렇다. 계산으로 미래를 알 수 있는가? 슈퍼컴퓨터를 동원하든 천재 과학자가 계산을 하든 미래는 언제나 계산에서 빗나간다. 미래란 인간이 알 수 없는 방법으로 이상하게 존재하는데, 과학자들은 이를 '확률'이라고 말한다.

확률이란 것은 도대체 무엇일까? 이는 계산하면 답이 딱 맞아떨어지는 영역이 아니다. 예를 들어 어떤 현상이 90%의 확률로 발생한다고 해보자. 나머지 10%는 그 현상이 발생하지 않거나 다르게 발생한다는 뜻이다. 그런데 그 시간이 지나 되돌아보면 90%의 확률로만 그 현상이 발생한 것이 아닌 경우도 있다. 나머지 10%가 때로는 90%의 확률을 앞지르기도 한다. 10%든 90%든 이는 예상치일 뿐이다. 실제로는 아무리 확률이 낮은 일도 얼마든지 실제 현상계에 일어나는 법이다. 그게 바로 현상의 미래다.

그러므로 미래란 어떻게 될지 도무지 종잡을 수가 없다. '신은 수학자다'라는 말은 자연계의 모든 것이 수량으로 결정되고, 신은 그 모든 것을 계산할 능력이 있다는 것이다. 그러나 실제 세상을 보자. 거리에서 힘센 남성과 매력 있는 여성이 만나다고 하자. 만약 두 사람이 싸운다고 하면 누가 이기겠는가? 힘의 크기, 즉 수학으로 계산하면 남성이 이길 것이다. 그러나 실제 세상에서는 여성이 이기게 되어 있다. 수학으로는 싸움의 결과를 알 수가 없다! 이는 수학이나 물리, 즉 힘의 법칙에 의해 정해지는 것이 아니기 때문이다. 그렇다면 이 싸움은 무엇으로 계산해야 하는가? 뜻으로 계산해야 한다! 여성의 매력 앞에서 남성의 힘은 무엇에 쓸 것인가!

역사에 이런 현상은 무수히 많이 등장한다. 강력한 로마의 대군을 맞이하여 이를 물리친 영웅이 있다. 영웅은 어떤 존재인가? 영웅의 존재가치는 힘에 있지 않고 그 뜻에 있다. 이때 신은 수학적 계산을 하지 않고 영웅의 가상한 뜻에 따라 영웅이 사는 작은 마을이 이기도록 만든다. 신이 아니라도 영웅이 있는 그 마을은 자연의 섭리에 의해 승리하게 되어 있는 것이다. **세상은 힘에 의해 결정되는 것이 아니라 뜻에 의해 결정되는 법이다.** 이쯤 되면 신은 수학자라기보다 역학자(易學者)라고 해야 하지 않을까?

부질없는 일이다. 신은 모든 것이어야 하거늘 한 가지 특징으로 정의할 수는 없다. 하지만 자연계의 존재는 수준 높은 뜻에 의해 결정되는 경우가 훨씬 많다. 바로 인간사회가 그렇다. 법정에서 내려지는 결정이 더 중요한가, 군대의 사령관이 내리는 명령이 더 중요한가? 명령 위에 법이 있고, 법이 실제 세상을 지배한다. 징조라는 것도 바로 이런 속성을 가졌다.

세상은 뜻으로 가득 차 있다. 특히 사회가 고도화될수록 뜻을 더욱 잘 살펴야 한다. 자연계는 처음엔 단순한 물질에서 차츰 생물로 진화하고 인간에 이른다. 그리고 인간은 사회를 형성하여 세상을 뜻의 세계로 만들었다. 그래서 인간의 사회는 곧 뜻의 사회다. 이런 세상은 신이 원해서 만들어간 것인지도 모른다.

칼 융은 '상징'이라는 개념을 만들어냈고 그것에 의해 인간이 움직인다는 것을 알아냈다. 인간이 움직이면 세상도 움직이는 법이다. 인간의 행동은 모든 것이 상징이다. 그리고 인간 주변에서 일어나는 모든 자연현상은 인간에게 어떤 상징을 준다. 이것을 살펴 미래를 추리하는 것이 바로 징조학이다.

우주의 삼라만상은 어떻게 만들어졌나?

우주에는 무한히 많은 사물이 있다. 그래서 삼라만상이라고 했던가. 그런데 이 많은 것들이 어떻게 만들어지는 것일까? 조물주가 무한히 많은 사물을 하나씩 만들 수는 없을 것이다. 그 많은 것을 다 만들려면 시간이 무한대로 걸리고, 번거롭기 그지없을 것이다.

물질만 해도 그렇다. 자연계는 그야말로 무한한 종류의 물질이 있다. 이것을 어떻게 하나씩 만들겠는가! 소금 따로, 설탕 따로, 식초 따로, 밀가루 따로…. 이것은 불가능하다. 조물주가 아무리 능력이 뛰어나도 말이다.

좋은 방법이 있다. 처음에 딱 몇 가지의 사물만 만들고, 그것이 자동으로 파생되어가게 하면 된다. 물질의 경우는 단 92가지 원소만 있으면 우주의 무한히 많은 모든 사물을 다 만들 수 있다. 꽃나무를 예로 들어보자. 이것은 모양이 무수히 많다. 그런 것을 일일이 따로 디자인해서 만들 것인가? 이 역시 불가능하다.

자연계의 모든 모양은 마치 원소처럼 기본 틀이 있어서 이것이 파생하면서 무수히 많은 모양들을 만들어낸 것이다. 이것을 '프랙털'이라고 하는데, 사물마다 가지고 있는 그토록 다양한 모양들도 실은 몇 가지 프랙털 방식으로 만들 수 있다.

프랙털이란 전체와 부분이 닮아 있다는 개념인데 나뭇잎의 경우 기본 틀을 계속해서 반복하면 점점 나뭇잎이 만들어진다. 과학자들은 이미 틀을 발견하고 그것으로부터 무수히 많은 모양을 만들어내는 데 성공했다.

우리의 주변에 프랙털은 어디에든 널려 있다. 우리의 몸만 해도 그렇다. 몸의 모든 구조는 단순한 데서 시작한다. 이것도 프랙털 원소에 해당하는데, 줄기세포도 바로 그것이다. 줄기세포는 우리 몸에서 어떤 것도 척척 만들어낸다. 그리고 부분은 전체를 닮아 있다. 한의학에서 말하는 침놓는 자리도 같은 개념으로 만든 것이다. 그리하여 손바닥이 몸 전체와 대응하고, 각 세포도 그 속을 보면 인체 전부와 대응하고 있다.

사회도 그렇다. 기본 틀이 있어서 다양한 체제가 만들어지고 있다. 그들은 이익을 만들어내는 구조를 가지고 사업을 운영한다. 인간의 심리도 비슷비슷하고 기본이 있다. 징조라는 것도 이런 방식으로 만들어진다. 하나의 작은 단편은 더 큰 것과 평행하다. 그릇이 깨지는 것과 지갑이 찢어지는 것은 다른 모양 같지만 실은 똑같은 뜻이다. 이들은 뜻의 원소로 이루어져 있을 뿐이다.

물질에 92개의 원소가 있다면 뜻에는 64개의 원소가 있다. 그리고 그것은 더 작은 것에서부터 점차 파생되면서 만들어진 것이다. 예를 들어 '음양'이라는 개념이 있는데, 이것이 중첩되면 많은 괘상이 파생된다.

세상은 겉으로 보기에는 엄청나게 복잡하지만 기본 틀은 아주 단순하다. 그렇지 않다면 조물주도 손을 들고 말 것이다. 나는 어려서 이런 생각을 해봤다. 설탕가루를 점점 갈아서 아주 작게 만들면 어떻게 될까? 계속 설탕가루가 유지가 될까? 그렇지 않다. 설탕가루는 소위 탄수화물로 수소와 산소, 그리고 탄소로 환원된다.

그렇다면 무수히 많은 징조를 어떻게 다 파악할 것인가? 걱정할 것 없다. 기본 틀을 알면 그것으로 모든 것을 이해할 수 있다. 무술에도 기본동작이 있어서 그것을 철저히 익히고 수련하면 한없이 많은 동작을 구사한다. 아인슈타인은 자연계에 있는 강물을 주목했는데, 큰 강은 작은 줄기가 있고 그 모양은 서로 비슷하다. 이것 역시 프랙털 동형인 것이다.

징조에 대해서 전문적으로 알고 싶으면 먼저 프랙털 개념을 익혀두면 좋다. 또는 원소의 개념을 이해하면 된다. 앞에서 C라는 여성이 거리에서 취객에게 욕을 먹고 편의점에서도 주인으로부터 모욕을 받고 쫓겨났다. 이것은 신분이 추락한 것과 뜻이 같다고 해석했다. 신분이란 그 사람의 기본 틀로 그릇과 같다. 우리는 우리의 그릇 속에 들어가 신분을 표현한다. 모욕을 받으면 그 자체도 기분 나쁜 일이지만 그보다 더 걱정할 것은 그와 유사한 일이 조만간 인생에 발생할 것이라는 사실이다. 이러한 점을 짐작할 수 있다면 어느 정도는 대비도 가능하다.

마찬가지로 그릇을 유난히 자주 깨는 사람은 인생에서도 모종의 틀이 깨지는 상황이다. 옷이 찢어져 신체가 드러난 것도 몸이 보호받지 못한다는 뜻이다. 새가 날아다니는 것은 바람이 날아다니는 것과 유사하다. 작은 애로사항은 큰 애로사항을 불러일으킬 수 있다. 작은 것도 크게 보는 습관을 들여야 한다. 무엇보다도 뜻을 살피고 그와 뜻이 같은 일이 반복되지 않는지를 예의주시해야 하는 것이다.

세상은 인간이 관찰할 때만 존재한다

우주는 왜 존재할까? 이런 질문은 과학적인 질문이라기보다 철학이나 종교적인 질문 같다. 그러나 이는 과학적 질문이다. 보통 과학에서는 "왜?" 또는 "어떻게?"를 묻는다. "우주가 어떻게?"라고 묻는 것은, "우주는 어떠한 구성을 하고 있는가?"를 밝히고자 하는 것이다. 하지만 "왜?"라고 물으면 존재의 이유를 따지는 것이다. 우주는 왜 존재하는가? 이런 질문에는 "신이 만들었다", "우주의 초지성체가 만들었다" 등 종교적인 대답이 나올 수 있다.

그러나 오늘날에 와서 과학은 진지하게 묻는다. 우주는 왜 있는가? 그만한 이유가 있다. 시간의 비밀, 존재의 비밀이 이 질문의 대답 속에 있다. 그리고 운명의 비밀도 그 안에 답이 있다. 물론 과학자들과 '운명의 비밀'을 논하려는 것은 아니다. 그렇게 되면 철학적 문제가 되기 때문이다. 과학자들은 순수하게 과학적으로 생각해서 이 문제를 탐구한다.

먼저 답부터 이야기하고 설명하겠다. 답이 너무 뜻밖이어서 처음엔 이해가 안 될 것이다. 답을 밝혀낸 과학자들조차 혼란스러워할 정도다. 답은 이렇다. 우주가 존재하는 이유는 인간이 있기 때문이다. 그렇다면 인간이 없다면 우주는 어떻게 되냐? 그러면 우주도 없다. 우주란 인간이 있으면 있고 인간이 없으면 없는 것이다. 얼토당토않은 이야기처럼 들리겠지만 최첨단 과학인 양자역학에서 얻어진 신중한 결론이다.

이것을 밝혀낸 과학자들조차 너무나 기이해 "이것은 종교입니까? 과학입니까?" 하고 물었을 정도이다. 백번을 물어봐도 이것은 과학이다. "사람이 있기 때문에 우주가 있다." 이것을 인간 중심 원리라고 말한다. 아인슈타인도 처음엔 강하게 부정했다. "저 달이 우리가 본다고 있고, 안 본다고 없어지는가?" 그렇다! 아인슈타인도 나중엔 수긍했지만 그 이론은 아주 심오하다. 여기서는 개략적인 것만 얘기해보자.

질문을 바꾸어보자. 미래란 무엇인가? 이는 현재가 찾아가는 곳이다. 과거는? 이는 현재가 이미 지나쳐온 것이다. 그렇다면 현재란 무엇인가? 이것은 참 애매하다. 수많은 과학자가 현재가 무엇인지 모른다. 그러나 양자역학이 이를 밝혀냈다. 현재란 다름 아닌 관찰의 순간이다. 관찰이란 것이 없으면 현재는 없다.

조금 더 얘기하면 시공간은 파동방정식 내에서 확률적으로 존재하는 것이다. '확률적'이라는 것은 가능성을 말하는 것뿐 구체적으로 존재하는 것이 아니다. 이에 대해 아인슈타인이 또 반기를 들고 나왔다. "신은 주사위 놀이를 하지 않는다." 여기서 주사위란 확률에 대해 빈정대는 것이다. 그러나 아인슈타인 역시 나중에는 수긍했다.

우주란 처음엔 이도 저도 아닌 방정식, 즉 확률적 존재였는데 이를 인간이 관찰하면 파동방정식이 붕괴하고 현실이 나타나는 것이다. 관찰은 누가 하는가? 인간이 한다. 만약 우주를 아무도 관찰하지 않는다면 현재란 없고 미래, 과거, 현재가 모두 초유동(확률) 상태로만 존재한다. 즉 현재가 없으면 아무것도 없다는 뜻이다. 그리고 현재란 인간이 관찰할 때만 존재하는 것이므로 인간이 없으면(즉, 관찰이 없으면) 우주는 없다는 것이다. 만약 우주에서 인간(지성체)이 다 사라진다면 그 순간 우주도 사라지는 것이다.

더욱 깊이 알고 싶겠지만, 여기서는 이 정도만 알고 넘어가자. 세상은 인간이 관찰할 때만 존재하는 것이다. 인간이 안 봐도 우주가 저 혼자 존재하는 것이 아니다. 누가 봐주지 않으면 우주는 사라진다. 이제 이것을 바탕으로 운명에 대해 좀 더 알아보자.

운명을 바꾸거나 새로 만들 수 있나?

우선 알아야 할 것은 운명의 종류가 아주 많다는 것이다. 어떤 것은 쉽게 바꿀 수 있지만, 또 어떤 것은 바꾸기가 매우 어렵다. 기준이 딱히 정해져 있는 것은 아니지만 이는 개인의 역량에 의해 차이가 난다. 여기서는 능력이 많은 사람을 기준으로 살펴보겠다. 능력이 적은 사람은 능력을 키우면 되는 것이므로, 이 역시 운명을 바꿀 수 있는 것에 해당한다. 운명을 만들거나 바꿀 수 있는가, 그렇다면 그 방법은 무엇인가에 대해 알아보자.

사람은 누구나 먼 미래에 자신이 이루고자 하는 꿈을 꾸며 살아간다. 부자가 된다거나 직위가 높아진다거나 명예로운 사람이 될 것이라는 등 희망을 품고 산다. 그러나 생각해보자. 어째서 막연히 자신에게 행운이 올 것이라고 생각하는가? 어쩌면 매우 불행해질 수도 있는데 말이다. 행운만을 따져보자. 나는 부자가 되고 싶다는 꿈을 가졌다고 치자. 이것만으로 부자가 될 수 있겠는가? 당연히 그럴 수는 없다. 그런데도 왜 우리는 스스로가 부자가 될 수 있다고 믿는가? 논리적으로 생각해보자.

다시 묻겠다. 나는 부자가 될 수 있는가? 어떻게? 이번에 묻는 것은 행운의 자격이 아니라 방법을 묻는 것이다. 여기서 잠시 앞에서 살펴본 우주의 진리를 생각해보자. 우주는 보면 있다! 이것은 매우 중요하고 간편한 것인데, 우리의 운명도 이와 같다는 것이다. 미래란 무한한 가능성으로 아지랑이처럼 널려 있다. 그런데 우리는 미래의 어떤 것을 보고 있는가? 보는 것이 분명하다면 그 미래는 올 것이 틀림없다. 보면 있는 것이니까!

그러나 막연히 미래를 꿈꾸며 그것을 봤다고 말하면 안 된다. 좀 더 구체적이어야 한다. 미래에 부자가 되기를 희망한다면 어떻게 돈을 버느냐를 생각해봐야 한다. 하늘에서 돈이 뚝 떨어질 거라 기대하지는 않을 것이다. 그렇다면 구체적으로 무엇을 해서 돈을 벌겠다는 것인가? 사업을 해서? 좋다! 무슨 사업을 할 것인가? 그 것은 아직 잘 모르겠다고? 그렇다면 이는 미래를 본 것이 아니다. 따라서 그 미래는 오지 않는다.

그렇다면 "이러이러한 사업을 하겠다."라는 구체적인 상이 있다면 어떤가? 그 정도로도 안 된다. 언제 그 사업을 시작할 것인지를 말해야 한다. 기회를 봐서? 이것 역시 미래를 본 것이 아니다. 사업을 하려면 자본금이 있어야 하는데 그것은 어떻게 마련할 것인가? 이것에 대해서도 구체적인 상이 있어야 한다. 무엇을 어떻게 해서 얼마의 자본금을 마련할 것인가? 미래를 본다는 것은 미래의 스토리를 구체적으로 말할 수 있어야 하고, 그 스토리는 실현 가능성이 있어야 한다. 대충 얼버무려서 "언젠가 기회가 오겠지…" 하면 미래는 지금과 똑같다. 그런 불명확한 미래는 오지 않는다.

미래를 본다는 것은 미래의 스토리를 만든다는 것이고 그것이 아주 그럴듯하면 그는 미래를 본 것이다. 그가 본 미래는 반드시 오게 되어 있다. 왜냐? 보면 있는 것이니까! 이것은 우주 최고의 진리다. 미래에 부자가 되고 싶다면 먼저 최대한 구체적으로 상상을 해서 그럴듯한 소설을 준비해라. 그리고 준비작업을 시작해야 한다.

인과성도, 연속성도 없는 사건을 해석하는 법

우주의 현상을 보자. 이는 인과의 원리에 의해 정해져 있는 것처럼 보인다. 예컨대 유리창에 총을 쏘면 당연히 유리가 깨진다. 어디에선가 소리가 발생하면 이것은 파동을 그리며 날아가 사람의 귀에 도달한다. 노를 저으면 그것의 반작용으로 배가 앞으로 나아가고, 사람이 발을 땅에 짚고 밀면 그로 인해서 몸이 앞으로 나아간다. 당구공을 큐로 치면 그 힘을 받아 공이 움직인다.

이처럼 자연의 모든 현상은 원인에 의해 결과가 만들어진다. 그리고 무엇보다도 주목할 것은 원인과 결과가 맞닿아 있다는 것이다. 자연현상 가까이에 작용이 있고 그것은 결과로 이어진다. 이것을 '국소적 세계관'이라고 부른다. 어떤 일의 원인은 그 근방에 영향을 주어 결과를 만들어낸다는 의미다. 당구공을 치면 이 힘을 받은 당구공이 다른 당구공을 치게 되고, 그것은 어디론가 굴러간다. 자연의 현상은 이렇듯 이어져 발생하는 것이다. 즉 원인은 가까운 곳에 결과를 일으키고 그것은 또 다른 곳으로 파급된다. 언제나 가까이 이어지고 전파되는 것이다. 그래서 국소적이라고 말한다. 그 원인은 그 지역에 한정된다는 뜻이다.

인류는 먼 과거부터 자연현상을 관찰해왔고, 그 결과 우주는 국소적이라는 것을 알게 되었다. '콩 심은 데 콩 나고 팥 심은 데 팥 난다'는 속담이 있다. 이것은 원인과 결과의 연관성을 말하는 것이다. 이게 바로 '국소적'의 의미다.

자, 그런데 우주의 모든 현상이 이렇게 되어가는가? 이 문제는 현대 과학이 깊게 연구한 결과 새로운 결론을 얻어냈다. 우주 대자연에는 국소적인 현상만 있는 것이 아니라 비국소적 현상도 발생한다는 것이다. 예를 들어 어떤 소립자가 왼쪽으로 움직였다면 이것의 결과로 저 우주 끝의 다른 입자가 오른쪽으로 움직인다. 이는 앞에서 소개한 '얽힘 현상'이다. 이것은 분명 비국소적이다. 원인이 바로 옆으로 전달되지 않았기 때문이다.

다른 예로 주사위를 던져보자. 처음에 나온 숫자가 다음 숫자를 이끌어내거나 조금이라도 영향을 주는가? 그렇지 않다. 다음 숫자는 첫 숫자와 상관없이 제멋대로 나온다. 원인과 결과가 전혀 이어져 있지 않다. 그러나 주사위를 60억 번 던져놓고 보면 각 숫자가 대략 10억 번씩 나온다. 던지는 횟수를 더욱 크게 하면 할수록 하나의 숫자가 나올 확률은 1/6에 가까워진다. 1/6이 된다는 것, 이것은 모두 통합해서 그 결과가 이룩된다는 뜻으로 분명 비(非)국소적이다. 바로 앞뒤의 숫자에 영향을 주지 않으니 말이다.

사회현상을 보자. 집안 묏자리를 옮겼더니 그때부터 자손이 잘되는 경우가 있다. 이 또한 비국소적이다. 자연현상은 가까이에서 보면 국소적이지만 거시적으로 보면 원인과 결과가 서로 별 상관이 없다. 각각의 사건은 독립적으로 일어나지만 합쳐놓고 보면 주사위 숫자처럼 거대한 틀을 형성한다. 운명도 이와 같다. 언제 무슨 일이 일어날지 알 수 없고, 일어날 일은 그저 제멋대로 일어난다. 원인과 결과가 가까이 연결되어 있지 않다. 이런 것을 불연속 사건이라고 한다. 시간이라는 일직선 위에서 무수한 사건들이 불쑥 튀어나와 진행된다. 이는 불연속 진행인 것이다. '불연속'이란 것이 바로 '비국소적인' 현상이다.

우리가 미래를 알 수 없는 것은 시간의 진행이 비국소적이기 때문이다. 프로야구 경기를 보자. 거의 다 이긴 게임에서 지는 경우는 흔하다. 9회 말에 역전이 되어 결과가 뒤집히는 것이다. 이 현상은 돌연히 발생한다. 불연속이고 비국소적이다. 그래서 야구는 끝나야 끝난 것이라고 표현하는 것이다. 우리의 미래도 이렇다. 가봐야 아는 것이다.

하지만 우리는 미래를 알고자 하는 염원이 있다. 어쩌면 먼 미래에 시간의 미래를 잘 아는 시대가 올 수도 있다. 인류가 비국소적이고 불연속적인 자연의 체제를 충분히 이해하고 정복했을 때 가능할 것이다.

아직은 요원하다. 그래서 징조를 관찰하여 미래를 추측하고자 하는 것이다. 징조를 해석하는 것은 비국소적인 일이다. 이것 때문에 저것이 생기는 것이 아니다. 이것이 벌어졌을 때 이것과 인과관계가 없는 저것이 발생하는 징조의 원리를 찾아야 한다. 자연현상, 운명 등은 당구공의 움직임처럼 이어져 있는 것이 아니다. 제각각 발생한다. 징조 해석이나 《주역》은 각각의 현상을 하나로 묶는 고도의 과학이지만, 인류는 아직 거기까지 주목하지 않고 있다.

영혼은 무엇이고,
어디에 있는가?

사람이 죽으면 우리는 그가 떠났다고 말한다. 이곳의 몸에 깃들어 있다가 어디론가 떠난 것이다. 흔히 '영혼'이라고 말하는데, 그것이 몸속에 있다가 허공으로 날아가 버렸기 때문에 그렇게 말한다. 그렇다면 우리가 살아 있을 때 그 영혼은 어디 있을까? 뇌에 있었다. 중세의 철학자이자 수학자이며 과학자인 데카르트는 영혼이 뇌의 어느 곳엔가 자리 잡고 뇌를 지배한다고 말했다. 영혼이 정말 있는 것이라면 뇌에 있을 것이 틀림없다.

어떤 사람은 영혼이 배 속에 혹은 있다고도 하고 심장에 있다고도 한다. 내 생각에 영혼은 역시 뇌에 있는 것 같다. 온몸이 죽어 있어도 뇌만 살아 있으면 얼마든지 생존을 이어갈 수가 있지 않은

가. 가령 심장은 뇌에 소속되어 있는 중요한 부속품일 뿐이다. 심장은 자동적으로 박동하며 온몸에 피와 산소, 영양분을 보내준다. 그러나 이것은 내가 아니라 내 몸의 기능이다.

데카르트에 의하면 영혼은 뇌에 앉아서 몸의 모든 곳을 관장하는데 이는 마치 자동차 운전석에 앉은 운전자와 같다. 뇌라는 것도 결국 영혼의 소유인 것이다. 그렇다면 영혼이란 무엇인가? 영혼이 바로 '나'이다. 영혼, 즉 '나'가 없으면 신체가 작동하고 있어도 그것은 기계에 지나지 않는다. 뇌사 상태와 같다. 영혼이 뇌를 장악하지 못하고 몸을 운전하지 못하니 이는 영혼이 반쯤 떠나간 것이라고 보는 것이 옳다. 여기서 반쯤 떠나갔다는 것은 비유가 그렇다는 것뿐이다.

운전자가 운전석에 앉아 있다 하더라도 차를 움직일 수 없다면 그를 과연 운전자라고 말할 수 있을까? 그저 자동차 좌석에 앉아 있는 것뿐이다. 영혼이 뇌 속에 자리 잡은 것은 아니다. 영혼과 뇌가 떨어져 있는 상태다.

이제 논의할 문제는 영혼이 무엇인가다. 이는 매우 어려운 문제이지만 조금은 얘기할 수 있다. 우선 그것은 물질이 아니라는 것이다. 그럴 수밖에 없다. 영혼이 물질이라면 X-레이로 촬영될 것이고 궁극적으로 뇌에서 발견될 것이다. 그러나 종래 영혼에 해당하는 뇌 속 물질은 발견되지 않았다.

뇌세포에서 특별한 기능을 가진 왕세포는 발견되지 않았다. 영혼은 물질이 아니다. 기체나 플라즈마 형태로 영혼이 존재한다고 주장할 수도 있지만, 요즘과 같은 시대에 최첨단 감지장치는 이런 것 정도는 얼마든지 잡아낸다. 그러므로 영혼이 물질이 아니라는 것은 분명히 밝혀진 것이다. 그렇다면 영혼이란 무엇인가?

다시 말하지만, 영혼은 물질이 아니고 뇌에 깃들어 왕노릇을 하다가 뇌가 죽으면서 떠나가는 것이다. 물질이 아니라면 무엇일까? 이 문제에 답하기 전에 물질이 무엇인지를 알아보자. 물질이 무엇인지를 알아야 물질이 아닌 것도 알 것 아닌가!

물질의 정의를 보자. 이는 자연과학에서 정립한 학설로, 물질의 정의이며 물질의 성질이다. 간단하다. 물질이란 공간을 차지하고 있는 것이다. 공간을 차지하는 모든 것이 물질인 것이다. 그렇다면 영혼이란 무엇인가? 이것은 물질이 아니다. 왜냐? 공간을 차지하고 있지 않기 때문이다. 즉 공간에 없는 것이다. 그렇다고 영혼이 없는 것은 아니다. 영혼은 여러 가지 논리를 통해 있다는 것이 판명되었다. 이 문제는 뒤에서 알아보기로 하고 영혼의 특성에 대해 더 살펴보자.

영혼은 공간을 차지하지 않는다. 공간에 있지 않다. 이 말은 공간 이전, 4차원 또는 공간 내면 등을 뜻하는 것으로 영혼은 초월적 존재다. 공간에 있지 않으니 초월적 존재라는 것뿐이다. 그렇게 되면 상대성 원리에 지배를 받지 않는다. 이는 속도가 무한대라는 뜻이다. 아인슈타인의 상대성 원리에 의하면 공간에 있는 모든 것은 빛의 속도, 즉 광속보다 빠를 수 없다. 그러나 영혼은 이 법칙을 따르지 않는다. 훨씬 자유롭게 무한대의 속도로 다닐 수 있다. 영혼은 공간의 내면에 존재하며 공간 밖에 있는 존재와 교류한다. 이 교류가 이루어지는 순간을 우리는 '살아 있다'고 말한다. 죽으면 이 교류가 끝날 뿐 영혼 자체는 그냥 그대로 존재하고 있는 것이다.

출생과 함께 사라지는 영혼의 초능력

영혼이 무엇인가 하는 문제는 아주 중요하기 때문에 논의를 좀 더 이어나가 보자. 번거롭다고 생각하는 독자는 이 내용을 뛰어넘어도 좋다. 영혼은 존재하는 것으로 판명되었지만, 구체적으로 영혼이 우주에 존재해야 할 필요가 있는지를 따져보자.

만약 영혼이 없다고 치자. 그러면 사람은 한낱 기계에 지나지 않는다. 죽으면 그대로 끝나는 것이고 살아 있을 때의 모든 행위에 대해 책임지지 않는다. 책임질 존재 자체가 없기 때문이다. 그렇게 되면 도덕이나 양심이란 것도 없고 무한히 큰 죄를 지어도 죄가 성립되지 않는다. 죽는 순간 몸이라는 물질 기계가 없어져 버리고, 그 후에는 남는 것이 없다. 이렇게 되면 사람은 편하게 살다가 죽으면 된다. 죄를 지어도 법에 걸리지만 않으면 되는 것이다.

그러나 하늘의 입장에서 보면 그토록 무책임한 존재가 우주에 가득 차서 대자연을 해치고 다니면 이는 용납할 수 없을 것이다. 왜냐하면 인간의 능력은 계속 발전하여 우주 전체를 한순간에 멸망시킬 수도 있기 때문이다. 오늘날만 해도 한 사람이 인류 전체를 없애버리는 것은 문제도 아니다. 핵무기를 사용하면 된다. 현재 지구에는 지구 전체를 3만 번 멸망시킬 만한 핵무기가 비축되어 있다. 하지만 인간은 양심이 있어서 어떻게든 이런 사태를 막아보려 애쓰는 중이다. 실은 하늘도 이를 막고 있을 것이다.

영혼이 없다면 이 모든 것은 말할 필요도 없다. 뜻이 없기 때문이다. 뜻이란 영구적일 때에 한해서 있다고 봐야 한다. 언젠가 소멸하는 것이라면, 그것은 뜻이 아니다. 뜻이 영원하지 않다면 존재하는 모든 것의 이유가 될 수 없기 때문이다. 영혼은 종교, 양심, 도덕의 근원이다. 이제부터 영혼이 있다는 결론을 갖고 다른 것을 얘기하자.

영혼은 그 사람 자체다. 뇌나 몸은 영혼의 소유물일 뿐이다. 우리의 운명이라는 것도 바로 영혼의 운명인 것이다. 주인공이고, 주체이고, 최고의 가치인 영혼은 적당한 조건을 갖추면 뇌에 정착한다. 이것이 바로 출생이다. 영혼은 원래 공간 이전의 존재로 우주 전체를 바로 볼 수 이는 존재다. 이러한 영혼이 생이 시작되는 순간부터 뇌에 깃들면 탄생 이전의 모든 것을 잊어버린다. 그리고 몸으로써 살아가는 것이다. 이때부터 영혼은 몸에 딱 붙어서 몸과 하나가 된다. 이제 주도권이 몸으로 넘어간다.

영혼은 몸에 의해 부자연스러워지고 그 상태로 일생을 보내게 된다. 영혼은 원래 우주 전체를 바라보는 신통력을 가지고 있었는데 몸이 생겼기 때문에 그 능력을 잊어버린다. 오로지 몸만을 바라보는 존재가 된 것이다. 그렇다면 생이란 축복인가? 구속인가? 이는 생각하기 나름이다. 영혼은 몸을 얻음으로써 무한한 자유, 신통력을 잃었지만 대신 몸의 즐거움을 얻었다. 이것은 이익이 되는 일일까? 이 또한 생각하기 나름이다. 육체의 즐거움을 얻은 대신 신통력을 잃어버렸다는 문제는 아주 중요하다. 앞으로 사람이 미래를 내다보는 힘이라든가 텔레파시 등을 논할 때 다시 설명할 것이다.

사람이 가끔 육감이 동하고 신통한 힘을 발휘하는 것은 영혼이 몸을 잠깐이나마 떠날 때 일어나는 일이다. 과학자들은 뇌를 신통력을 걸러내는 필터라고 말하기도 하는데, 출생이란 것은 영혼이 신통력을 버리게 되는 원인이자 계기다.

동물의 경우는 좀 다르다. 영혼과 뇌가 완벽하게 밀착하지 못했기 때문에 가끔 신통력을 발휘한다. 개는 주인이 멀리 출장을 다녀올 때 역전에 마중을 나가기도 한다. 이것이 신통력이다. 그리고 이 힘은 개의 영혼이 잠시 뇌를 떠났기 때문에 가능하다. 어쩌면 동물은 몸의 세계와 몸 밖의 4차원 세계를 동시에 보는지도 모를 일이다. 동물의 영혼은 몸과 밀착된 정도가 낮기 때문에 이런 힘이 있는 것이다. 사람, 그중에서도 무당은 종종 뇌를 떠나 영혼의 힘으로 신통력을 발휘한다. 정신질환이 있는 사람도 가끔 신통력을 발휘하는데 이 역시 영혼이 뇌와 떨어졌을 때다. 좋은 일인지 나쁜 일인지는 모르겠지만 말이다. 다만 사람이 신통력을 얻고자 한다면 뇌 이전의 세계와 교류를 할 수 있어야 한다. 초능력은 이런 것이다.

확률은
공평한가?

스포츠 경기를 보자. 월드컵의 경우 조를 짜서 예선 경기를 시작하는데 어느 조에 속하느냐에 따라 유불리가 정해진다. 그래서 추첨방식이 나온 것이다. 추첨이란 평등한 조건에서 운에 맡기는 것이다. 평등한 조건이 아니라면 추첨은 이루어질 수가 없다. 평등한 조건에서 추첨을 시작하고, 그 결과는 확률에 의해 정해진다. 어느 팀에 속하느냐가 결정된 이후에는 유불리에 대해 불평할 수 없다. 평등하게 시작하고, 인간은 결과에 관여하지 않는다. 그렇다면 추첨의 결과는 누가 정하는 것인가? 이것은 운명 또는 하늘이 정했다고 말할 수밖에 없다.

실은, 운명이 하늘이다. 하늘은 누구의 편을 들지 않고 확률 중 하나를 수동적으로 점지해준다. 세상에 하늘도 수동적인 경우가 있다니! 그럴 수밖에 없다. 또 하늘은 공평하다. 하늘이 종교적 편향에 따라 추첨의 결과를 정한다면 이는 추첨이 아니고 강제다. 그렇게 되면 여기저기에서 불평이 나오고 그 불평은 정당한 것이어서 하늘이 책임을 져야 한다. 하늘은 확률에 따라 수동적으로 정해줄 뿐이다. 이때 하늘은 그저 운을 따를 뿐이다. 운이란 하늘 위에 또 다른 하늘이라 할 수 있다.

확률의 조건은 누구나 납득할 수 있다. 동전을 던지면 앞면 또는 뒷면이 나오고, 이는 각각 1/2의 확률이다. 이 확률은 평등하므로 누구든 어떤 이유를 붙이거나 불만을 가질 수가 없다. 동전을 6번 던지면 결과는 1/64이 되고 64는 《주역》의 괘상을 모두 합한 숫자다. 칼 융도 이와 같은 방식으로 점을 치고 점의 섭리를 연구했다. 융의 주역연구소가 하는 일이 그것이다. 여기서 가장 핵심적인 개념은 동시성인데, 이에 따라 점괘와 사건을 연결할 수 있다.

동시성은 초일류 과학자라 해도 선뜻 이해할 수 없다. 우리도 마찬가지일 것이다. 하지만 융은 우리의 생각을 뛰어넘고 과학자의 생각까지도 뛰어넘어 자연 속에 내재한 동시성을 발견한 것이다. 동시성에 관한 것은 뒤에서 더 심도 있게 논의하도록 하자. 이 장에서는 확률이 평등을 바탕으로 이루진다는 것과 점은 '동전의 양면'의 확률이 6번 계속해서 나온 것임을 알고 넘어가자. 6번인 이유는 《주역》의 6효(六爻)를 바탕으로 한 것이고 이로써 64괘 중 하나가 만들어진다.

64괘는 모든 사물의 요점을 충족시킨 개념이다. 징조도 자연에서 일어날 수 있는 모든 사물을 64괘에 대응시킨 것이다. 64괘는 모든 것이다. 자연에 있는 사물의 뜻은 모두 여기서 나온다. 이것 역시 뒤에서 좀 더 깊이 논의하겠다.

여기서 초점을 맞출 것은, 우리가 주목하는 점이나 징조가 공연한 것이 아니고 자연의 절대구조를 바탕으로 이루어진다는 것이다. 점이든 징조든 근거를 확실히 해야 미래를 내다보는 힘이 더 강해지고 명확해지기 때문이다.

선각자들은 어떻게 미래를 내다보았나?

옛날얘기를 해보자. 문왕에 관한 것이다. 문왕은 《주역》을 통달한 대(大)성인으로 공자가 존경했던 분이다. 문왕은 일찍이 동굴 속에 갇혀 있는 동안 《주역》을 깊게 궁리하여 깨달음을 얻고 그것을 기록으로 남겨 놓았다. 공자 역시 이 기록을 보며 공부해 《주역》에 관한 자신의 학문을 이룩했다. 문왕은 공자보다 약 1,000년 전에 태어난 분으로 그는 중국을 통일하고 중국의 모든 문화의 기틀을 마련하기도 했다. 공자는 문왕을 꿈에도 그리워할 정도로 흠모했다.

어느 날 문왕이 낮잠을 자던 중 하늘이 크게 밝아오는 것을 보고 심상치 않은 징조임을 직감했다. 그래서 점을 관장하고 있는 신하에게 명하여 '앞으로 무슨 일이 있을 것인가?'를 점을 치게 했다. 그 결과 화천대유(☰)라는 괘가 나왔다. 신하는 이를 해석하여 '왕께서 이번 사냥길에 위대한 스승을 만나게 될 것'이라고 말해주었다. 이에 문왕은 목욕재계하여 몸과 마음을 경건하게 한 다음 사냥을 떠났다.

사냥터에 이르고 보니 거기에는 정말로 범상치 않은 인물이 연못에 낚시를 드리우고 앉아 있었다. 문왕은 이분이 위대한 스승임을 즉각 알아채고 예를 다해 대화를 나누었다. 그리고 급기야는 스승으로 모시고 궁궐로 데리고 왔다. 이분이 바로 태공망(太公望), 인류 최대의 스승인 강태공이었던 것이다. 문왕은 강태공을 곁에 두고 자문을 구하며 그를 군사로 임명하여 중국을 통일하는 데 이르렀다.

한편 강태공은 사냥터 연못가에 앉아서 문왕을 기다리기 며칠 전 명상 중에 문왕이 찾아올 것을 미리 내다보고 있었다. 위대한 스승이 문왕을 만나는 배경은 이렇게 설계되어 있었다.

이 이야기에는 미래를 보는 3가지 방법이 모두 나온다. 문왕이 징조를 해석해 점을 치게 했고, 점괘로 나온 것을 해석했다. 또 강태공은 심정공간(心情空簡) 내에 미래를 내다보았다.

하나씩 짚어보자. 먼저 점이라는 것은 인간이 묻고 신이 답하는 형식이다. 문왕은 신하에게 지시하여 미래의 일을 물었고 신은 점괘를 보여주었다. 이에 대한 해석은 인간이 하는 것으로 《주역》의 64괘 중에 하나다.

둘째, 징조는 신이 인간에게 그저 보여주는 것으로, 인간은 그 징조를 해석하여 미래를 아는 것이다. 이때에도 징조는 64괘 중 하나에 해당할 뿐이다. 세 번째는 명상 중에 미래가 보이는 것으로 이는 범상치 않은 성인급의 능력이다. 그러나 보통사람도 텔레파시 수련을 통해 미래를 볼 수 있다. 이는 사람이 보고 신은 보여주는 합작의 형식이다. 텔레파시에 대해서는 뒤에 가서 상세히 알아보도록 하겠다.

위에서 열거한 미래를 아는 3가지 방법 외에 과학적으로 미래에 직접 가보는 방법이 있다. 4번째 방법인 이 방법은 타임머신에 관한 것이라 다소 문제가 있다. 징조, 점, 심정공간은 모두 일장일단이 있고, 타임머신에 의한 방법 역시 평행우주와 관계된 문제가 있다.

우선 앞의 3가지 방법을 가지고 미래를 알아보는 방법에 접근해보자. 제4의 방법은 미묘한 문제를 포함하고 있어 실용성이 떨어진다. 당장 타임머신을 제작하는 문제만 생각해보자. 그 비용을 어떻게 감당할 것인가. 어쩌면 항공기 1만 대를 만들 수 있는 막대한 비용이 들어갈지 모른다. 그러나 앞의 3가지 방법은 누구나 쉽게 선택할 수가 있다. 신속하게 그리고 저비용으로도 가능하다.

 화천대유
: 하늘에 떠 있는 불, 즉 태양처럼 위대하다는 뜻

3 운명이란 무엇이고, 징조는 어떻게 발생하는가?

점이란 수련이고
수련하면 실력이 향상된다

점치는 원리는 간단하다. 64개 중 하나가 나오게 하면 된다. 가장 간단한 방법은 64괘를 그린 64개의 카드를 만들어 그것을 골고루 섞어 1장을 꺼내는 방법이다. 가령 천화동인(☰)을 얻었다면 이는 귀인을 만나는 운명이 되는 것이다. 괘상의 해석은 어렵지 않다. 시중에 나와 있는 책 중에서 고르면 된다. 단지 괘상을 뽑았을 때 그 카드가 미래의 운명과 동시성을 이루느냐가 문제일 뿐이다.

점은 어떤 사람이 뽑았느냐에 따라 맞기도 하고 틀리기도 한다. 틀린 점은 확률에 의해 우연히 그 괘상이 나온 것뿐이다. 그러나 맞는 점은 무당이나 도인이 뽑은 경우가 많다. 실제로 어떤 점쟁이는 점괘가 척척 맞아떨어진다. 앞에서 소개한 문왕의 신하의 경우 제대로 점괘가 나왔고 이것을 해석하여 왕에게 보고한 것이다. 엉터리 점을 왕에게 보고했다면 이는 왕을 능멸한 것이니 큰 벌을 받을 수도 있다. 그러나 점쟁이 신하는 자신 있게 점을 치고 또 자신 있게 보고했다. 그 점쟁이는 자신의 점괘가 틀림없다는 것을 잘 알고 있던 것이다.

점괘가 맞는지를 어떻게 미리 자신할 수 있을까? 이 문제를 생각해보자. 점은 2가지 과정으로 이루어진다. 첫째는 괘상을 얻는 것이고 둘째는 그것을 해석하는 것이다. 점괘의 해석은 어렵지 않다. 이미 수많은 책이 그것을 설명하고 있기 때문이다. 그러나 점괘가 제대로 된 것이냐 아니면 우연의 결과이냐는 문제다. 도사가 점친 것처럼 점괘가 정확하게 이루어지는 것은 어떤 원리에 의해서일까? 내가 아는 한 여성의 얘기를 해보겠다.

J는 직업이 교사인데 점에 취미가 있어 《주역》을 공부했다. 그리고 수많은 점을 치고 그것을 기록으로도 남겼다. 그녀는 1주일에 한 번꼴로 점을 치고, 이것을 15년이나 계속했다. 그녀는 먼저 점을 치고 나서 그것이 실제와 맞아떨어졌는지를 기록했다. 대개 월요일 아침 점을 쳐 기록하고 해석해두고 일주일간의 실생활을 일기 형식으로 기록했다. 그리고 맞았느냐 틀렸느냐를 점검한 것이다. 실로 대단한 정성이 아닐 수 없다. 나는 나중에 이 기록을 실제로 보았는데 거기서 기묘한 특징을 발견했다.

점의 기록은 맞는 것도 있고 틀린 것도 있었다. 그런데 뒤로 갈수록 점괘가 맞는 확률이 높아진 것이다. 이는 아주 중요한 내용이다. 그녀는 매번 정성을 다해 점을 쳤고 기록을 해나갔는데 그러는 중 그녀의 점치기 능력은 향상되었던 것이다.

실제로 점이란, 오랜 세월 치다 보면 동시성이 잘 이루어지는 것으로 밝혀졌다. 그런 것이다. 누구나 처음 점을 칠 때는 집중력도 부족하고 점의 결과에 대한 믿음도 적을 수밖에 없다. 그러나 점을 여러 번 치다 보면 점점 집중력이 높아지고 경건함도 생긴다. 그리고 무엇보다도 점괘에 대한 확신인데 이것이 바로 처음 점을 수련하는 방법이다.

이렇게 하는 것이다. "내가 지금 점을 치려고 하는데 여기서 나온 점괘는 하늘이 내게 계시를 하는 것이다. 나는 그 계시를 해석하면 된다!" 점이란 수련이다. 수련을 통해 사물과 점괘의 연관성이 점점 강해지는데 이것이 바로 동시성이다. 나도 오랜 세월 이런 방법을 통해 점치는 능력을 향상시켜 왔다. 혹자는 말한다. 점이란 귀신이 개입하는 것이므로 아주 천박하고 잡스러운 것이라고…. 그러나 이는 틀린 생각이다. 점은 귀신이 관여할 수도 없고 그렇게 하지도 않는다. 점괘는 자연법칙에서 나타나는 것으로 굳이 얘기하자면 신이 감응하여 괘상을 점지해주는 것이다.

점이란 처음부터 그것을 믿겠다는 마음으로 쳐야 한다. 진짜로 믿어야 한다. 진지하게 그리고 경건하게 임해야 한다. 그래서 점을 칠 때는 목욕재계를 하거나 최소한 손이라도 씻고 의복을 단정히 해야 한다.

점은 장난이 아니라 신성한 예식이다. 먼 옛날에는 점을 잘 치는 사람을 성인처럼 존경했다. 무당도 마찬가지다. 무당은 성인처럼 인격이 높은 존재는 아니지만 점을 칠 때의 정성은 완벽하다. 도인들 역시 수련을 통해 천지의 도리를 깨닫고 인격을 연마하는 한편 점을 치는 능력도 키워나간다.

천화동인
: 귀인을 만나는 운명이라는 뜻

인간이 만들어낸 미래는
오지 않는다

미래를 정밀하게 계산하는 문제를 다시 생각해보자. 앞에서도 말했지만, 이 문제는 수학자 라플라스가 이미 언급했다. 현재의 자연상태를 함수화하고 그 방정식을 풀면 미래는 자연적으로 알 수 있다는 생각이다. 과연 가능한 얘기일까? 우선 자연의 모든 상태를 관찰해야 한다. 여기에는 먼지의 1,000억분의 1의 오차도 허용되지 않는다. 그야말로 모든 것을 관찰하고 그것을 함수화한다는 것은 현대의 과학으로 아직 불가능하다. 그러나 10억 년쯤 지나면 인류가 그런 능력을 갖게 되지 않을까? 아니면 100억 년쯤 후에 말이다.

그런데 여기에는 중대한 장애가 있다. 과학의 능력 밖의 일이다. 그것은 관찰하면 그 관찰된 것은 우주에서 사라지거나 변화한다. 그래서 계산 결과와 실제는 언제나 다르다. 관찰에 의해 사라진다는 것은 무슨 뜻일까? 이 문제는 아주 심각해서 미래의 절대적인 장애가 된다. 관찰이 제대로 되려면 아예 그 상태를 복사해야 한다. 복사기처럼 말이다. 그렇게 되어야만 완벽한 관찰이라고 할 수 있다. 그다음엔 방정식을 사용하든 초방정식을 사용하든 계산하면 된다. 계산은 1,000억 년 후의 완전하고 완벽한 컴퓨터를 사용하면 된다.

하지만 자연의 모든 것은 관찰하는 순간 변화가 발생한다. 양자 수준에서 관찰하면 아예 그 상태 자체가 없어지고 만다. 이러한 자연의 절대 원리는 '불확정성의 원리'라고 하는데 이는 20세기 초 독일의 물리학자 베르너 하이젠베르크가 양자역학을 연구하는 도중에 발견했다. '불확정'은 '미래가 확정되지 않는다'는 뜻으로 우주 자체도 이 원리에 의해 생겨났다고 볼 수 있다.

미래는 정밀하게 확정할 수가 없다. 다만 확률로써 어렴풋이 짐작할 뿐이다. 관찰 장비나 과학이론이 아직 덜 발전해서가 아니라 자연이 가진 본연의 성질일 뿐이다. 아무것도 단정 지을 수 없는 것이 우주다. 그래서 스티븐 호킹 박사도 "인간이 미래를 알려고 하는 것을 자연이 금지시킨 것 같다."고 말한 것이다.

그렇다면 여기서 공상과학에서 등장한 타임머신을 보자. 이 장치는 미래로 직접 가보는 것이므로 미래를 가장 확실하게 아는 방법이다. 그러나 여기에도 문제가 있다. 만약 어떤 사람이 1시간 후를 가보고 다시 현재로 돌아온다면 그는 1시간 후의 일을 마치 신처럼 알 수 있다. 이제 1시간을 기다려 미래가 오는 모습을 보자. 이때 과연 그가 본 것과 똑같은 미래가 올까? 그렇지 않다. 본 것은 그저 본 것이고, 실제로 전개되는 미래는 다른 것이다.

인간이 관찰했기 때문에 미래는 달라진 것이고, 시간여행을 했기 때문에 미래의 평행우주도 사라진 것이다. 이는 아주 곤란한 문제다. 미래를 미리 볼 수는 있으나, 그런 미래는 존재하지 않는다는 것이다. 호킹 박사의 생각이 맞는 것 같다. 다시 보면 그 미래는 없어지니, 자연은 인간이 미래를 아는 것을 금지시킨 것 같다. 어쨌든, 미래를 정밀하게 아는 것은 능력의 문제가 아니라는 말이다. 처음부터 미래를 알 수 없도록 만들어진 원리라는 것을 알고 넘어가자.

그렇다면 과학장비가 아니라 점을 쳐서 미래를 알았다고 가정해보자. 이때는 미래가 진짜로 나타나는가? 그렇다! 다만 정밀하지는 않다. 하지만 너무 자세히 아는 순간, 미래는 없어진다. 미래는 어째서 이런 성질을 갖고 있을까? 이 문제에는 또 다른 과학적 원리가 숨어 있다. 바로 인간 중심의 원리라고 하는 것인데, 이는 우주가 존재하는 이유를 다루는 과학의 원리다.

여기에서 나온 결론은 미래는 인간이 만든다는 것이고, 인간이 만들어낸 시간은 오지 않는다는 것이다. 이래저래 미래를 아는 것은 금지되어 있다. 다만 우리는 점을 치거나 징조를 해석해서 미래를 어렴풋이 볼 수 있다. 그 정도만 해도 다행 아닌가? 이미 인간은 지금도 점과 징조를 사용하고 있다.

운명의 흐름을 시간의 단편에서 추리하는 것

음악은 순간의 소리가 아니다. 시간이라는 선 위에 길게 이어져 하나의 세트를 이룬다. 징조로 나타나는 사건도 음악과 비슷하다. 사진을 찍는 것처럼 한순간 '번쩍' 하고 일어나는 일이 아니라 길게 이어져 스토리를 이루기 때문이다. 마치 음악이 리듬을 타고 시간의 흐름과 함께 가는 것 같다. 음악의 대가들은 곡의 한 소절만 들어도 전체의 구성을 짐작할 수 있다는데 징조 전문가도 운명의 흐름을 시간의 단편에서 추리할 수 있다.

시간의 흐름, 운명의 스토리는 잘 구성된 소설보다도 그럴듯하다. 운명은 마구잡이로 등장하지 않는다. 천지 대자연에는 인과와 섭리가 있기 때문이다. 예를 들어 1차 세계대전도 이런 식으로 발발했다. 그날 세르비아인의 자동차가 정체된 길에 들어섰는데, 거기에서 마침 오스트리아 왕자를 발견하게 되었다. 그들은 왕자를 즉

3 운명이란 무엇이고, 징조는 어떻게 발생하는가?

각 살해했고, 이로부터 몇 시간 후 1차 세계대전이 시작된 것이다.

왕자는 왜 그날 외출을 한 것일까? 왜 하필이면 교통체증이 심했던 그곳에 있었을까? 이 모든 것은 징조였다. 누가 말릴 사이도 없이 왕자는 현장에서 살해되었고, 운명의 거대한 회오리가 시작되는 막이 올랐다. 세상사가 이런 식이다. 아무리 사소한 것이라 해도 큰 반향을 일으킬 수 있다. 이것을 자연과학에서는 '나비효과'라고 하는데, 이는 카오스 현상을 연구하다가 발견하고 확립한 개념이다.

잠시 '카오스' 현상에 대해 살펴보자. 카오스는 초기조건에 민감한 현상을 뜻하는데, 작은 단서가 큰 사건을 몰고 오는 것이다. 나비의 날갯짓이 바다 건너 대륙에 태풍을 몰고 올 수도 있다. 그래서 일상생활에서 나타나는 아주 작은 현상도 그냥 지나쳐서는 안 된다. 물론 지나치게 병적으로 히스테리를 부리거나 전전긍긍하며 조바심을 내라는 것은 아니다. 그저 매사에 방심하지 말라는 것이고, 현재 이어나는 현상의 뜻을 항상 음미하라는 것이다.

그러나 큰 사건들은 아주 자연스럽고 잘 구성되어 있다. 다만 징조는 아주 미세하여 여간해서는 쉽게 알아차릴 수 없다는 게 문제다. 자연과 사회에서 벌어지는 모든 현상은 순간적으로 보면 별 뜻이 없어 보인다. 징조란 이런 것이다. 때문에 어떤 현상이든 가볍게 보아 넘기지 말고 무슨 뜻이 있는가를 생각해봐야 한다.

예로부터 선각자, 성인 그리고 도인들은 미래를 잘 예측했다. 다른 무엇보다 이들은 징조에 민감했기 때문이다. 앞에서도 말했듯이, 인디언 할아버지들은 바람의 냄새를 맡고 기병대가 올 것을 예상했다. 나는 실제로 우리나라 할머니들이 기후를 예측하는 것을 종종 봐왔다. 징조는 기후 예측과도 많이 닮아 있는데, 무슨 대단한 관측이 필요한 것은 아니다. 바람의 느낌이나 관절의 통증같이 수십 년간 몸으로, 경험으로 체득한 날씨 빅데이터인 것이다.

세상일은 대개 프랙털 구조로 부분과 전체가 닮아 있다. 때문에 부분을 보는 것은 전체를 보는 것과 같다. 옛날 제갈공명이나 병법의 대가 손자는 병사들의 사소한 움직임에서 전투의 결과를 예측하기도 했다. 부분을 보고 전체를 예측한 것이다.

징조의 종류는 참으로 많다. 의사들은 환자의 음성이나 안색을 살펴 병이 날 것을 예측하기도 한다. 경제학자들은 사회의 한 단편을 보고 국가 전체의 경제를 예측한다. 우리나라 말에 '낌새'라는 것이 있다. 어쩌면 이 단어가 '징조의 느낌'과 가장 유사하다고 볼 수 있다.

4

징조를
해석해
운명을
바꾸는 법

최선을 다하면
좋은 운이 오는가?

오래전 일이다. 나는 기자들과 식사를 하고 있었는데, 그들이 다음 날 축구경기의 결과를 물어왔다. 내가 《주역》을 공부한 사람이니 내일 경기의 결과 정도는 맞힐 수 있지 않느냐는 것이었다. 나는 한마디로 잘라 말했다. 우리나라가 질 것이라고 말이다. 상대는 남미의 축구강자였기 때문이다. 나는 그저 강팀을 만났으니 우리나라가 질 것이라고 추측했다. 그러나 기자들은 한사코 점을 쳐보라고 청했다. 하지만 그것은 점을 칠 만한 것이 아니어서 거절했다.

그런데도 기자들은 내일 크게 활약할 선수가 누구인지를 알려달라고 자꾸만 물었다. 그것이라도 점을 쳐서 알려달라는 것이었다. 나는 모르겠다고 했고 그들은 "도사가 뭐 저래!" 하고 불평하며 그 자리를 마무리했다.

다음 날 축구경기는 정말 지고 말았다. 이것은 상식적으로 생각한 것이 그저 맞았을 뿐, 그 이상도 이하도 아니었다. 대개 사람들은 점을 치면 모든 미래를 알 수 있다고 믿는데 그렇지 않다.

B라는 사람이 나에게 물었다. 자기가 며칠 후 소개팅으로 여성을 만나는데 그녀와 잘되겠느냐고 말이다. 나는 B에게 그저 열심히 해보라고 말해주었다. 아직 만나본 적도 없는 여성의 마음을 점으로 알 수 있을까? 당연히 없다. 그뿐 아니라 상대방 여성의 마음을 미리 알아보고 연애에 임하려는 B의 태도가 나쁘지 않은가? 사랑이란 최선을 다하는 것뿐이다. 운명을 논할 문제가 아니다.

결혼과 관련된 문제라면 운명을 생각해보는 것도 나쁘지는 않다. 하지만 아직 시작도 안 한 연애부터 상대방의 마음이나 결과를 미리 점치다니, 게다가 점괘가 나쁜 경우에는 애쓸 필요가 없다는 식이라면 B는 아주 비겁한 사람이다. 사랑은 사업이 아니다. 최선을 다해 진심을 전하고 자신의 매력을 보이는 성스러운 일인 것이다.

C라는 사람 이야기다. C는 산책이 운명에 좋다는 얘기를 나에게서 듣고는 매일 산책을 하면서 운을 개척하고 있었다. 바람직

한 일이다. 그런데 어느 날 사업상 위기가 다가왔다. 사업은 부진했고, 자본금도 점점 없어져 갔으며 법적인 문제에도 얽히게 되었다. 게다가 사기까지 당한 상태다. 도저히 수습이 불가능한 지경에 이른 것이다. 전문가들도 C의 사업은 이미 패망한 것이라고 단언했다. 사실이 그러했다. C의 사업은 급격히 망해갔고, 결국 완전히 망했다. 그러자 C는 나에게 산책을 그토록 열심히 했는데 왜 사업이 망하느냐고 따졌다. 기가 막힐 일이다.

D는 지방에 사는 사람인데, 어느 날 내게 전화로 물어왔다. D는 몸도 몹시 아프고 정년퇴직할 때가 되어 직장에서 그만두라는 통보도 받았다고 한다. 그런데 D는 나에게 운이 나쁜지 좋은지를 물었다. D의 생각은 이런 것이다. 운이 좋으면 당장 아픈 몸이 낫고 계속 일할 수 있을 것이라고 말이다. 황당했다. 총알이 날아오는데 저 총알이 나를 피해가지 않겠느냐고 묻는 것과 같았다. 이 사람은 운명이 만능이라고 생각하고, 위기에 닥칠 때마다 항상 점을 쳤던 것이다. 고등학교 3년 내내 공부를 전혀 안 한 자식이 서울대에 갈 수 있겠느냐고 묻는 것과 똑같다. 누가 봐도 안 될 일은 점괘가 좋아도 안 되는 것이다. 축구경기부터 D까지 앞에서 열거한 사례들의 공통점이다.

점은 자연의 법칙이지 기적이 아니다

그렇다면 도대체 점이란 무엇인가! 점을 쳐서 모든 일의 미래를 알 수 있을까? 이점은 운명을 이해하는 데 매우 중요하기 때문에 약간 자세하게 설명하고 넘어가겠다. 우주 대자연의 법칙이 있다. 이것은 땅의 법칙이라고 하는데 이는 자연의 오행에 최우선으로 적용되는 법칙이다. 사람이 수백 발의 총에 맞으면 죽는다. 그가 운이 좋아도 죽고 나빠도 죽는다. 운이나 점은 이런 데 적용하는 것이 아니다. 운은 하늘의 법칙이기 때문이다. 하늘의 법칙은 땅의 법칙 다음이다. 그래서 하늘이 운명을 일으킬 때는 자연의 법칙, 즉 땅의 법칙에 크게 위배되지 않을 때에 한해서 일으킨다.

축구는 축구 전문가에게 물어야지 점을 치는 것은 아니다. 몸이 아프면 그 미래는 의사에게 물어야 한다. 사랑이 성사될지는 상대방 이성의 선택일 뿐이다. 하늘은 이런 일에 일일이 관여해 운명을 지어내지는 않는다. 천지의 뜻을 잘 알아야 한다.

다시 말하지만 하늘은 땅의 법칙을 위반하지 않는다. 땅의 법칙은 현실적으로 자연계를 지배하는 절대적 법칙이다. 가령 하늘에서 거대한 혹성이 날아와 지구에 부딪히면 지구는 멸망할 것이다. 이미 혹성이 지구에 아주 근접해 있다면 운이란 없는 것이다. 그저 부딪히는 것이다. 기적이라는 것이 빈번하게 일어날 것이라고 기대해서는 안 된다.

그렇다면 점은 언제 필요한가? 이는 자연의 법칙 내에서 이럴 수도 있고 저럴 수도 있을 때 치는 것이다. 미래가 기묘해 보일 때가 있다. 그러나 이는 인간이 보기에 그럴 뿐이다. 실제는 자연의 법칙이 먼저 있고, 그것만으로 확실치 않을 때 점으로 알아볼 수 있다. 미래는 예정된 사건들로 꽉 찬 스케줄 표가 아니다. 어느 정도는 자유롭다는 뜻이다. 물론 운명이 없다는 뜻은 아니다. 또한 운명이 있다 해도 이것이 자연의 법칙을 거역하면서까지 기적을 일으키지는 않는다.

징조라는 것도 기적을 일으킨다는 뜻이 아니다. 하늘의 법칙이 그러할 뿐이다. 자연의 법칙, 즉 땅의 법칙도 꽉 짜여진 것이 아니다. 이럴 수도 있고 저럴 수도 있는 현상은 무수히 많다. 미래는 대체로 불확정적이지만, 어떤 미래는 이미 확정의 테두리 안으로 들어서 있다. 운명개척은 그 중립지대에서 이루어진다. 훈련하지 않고 올림픽에 나가 금메달을 딸 수는 없다. 그러나 실력의 차이가 미세할 때는 운명이 작용한다. 그리고 무엇보다도 먼 미래는 불확정성이 아주 높으므로 좋은 운의 흐름을 유도해야 한다.

막연히 미래를 어떻게 지배하겠는가! 우선은 현실에서 최선을 다하고 그다음에는 운명을 유도하는 행동과 마음에 집중해야 한다. 그리고 운이란 노력하지 않는 사람보다 노력하는 사람에게 우선적으로 찾아온다. 그래서 하늘은 스스로 돕는 자를 돕는다고 한 것이다. 아이가 좋은 대학에 갈 것이라는 점괘가 나오면 공부를 더욱 열심히 해야 한다. 좋은 대학에 갈 것이라는 점괘는 아이가 열심히 공부한 부분에 대해서 실수를 범하지는 않는다는 뜻이다. 혹은 아이에게 유리한 문제가 출제된다는 뜻도 된다. 하지만 이 모든 것은 어느 정도 공부를 한 아이에게 적용되는 운명인 것이다.

미래의 계획은 구체적으로, 그리고 크게 세워야 한다. 이것은 땅의 법칙이기 때문이다. 크고 구체적인 계획을 세웠다면 그다음에는 운이 좋아지는 행동을 찾아서 실행하면 된다. 앞서 말한 산책은 운이 좋아진다. 또 풍수가 좋은 곳으로 이사를 가면 운이 분명히 개선된다. 그러나 풍수 좋은 곳에 가서 아무 일도 안 하고 지내면 좋은 운도 무효가 된다. 운이란 멀리 있고, 자연의 법칙은 가까이 있다. 오늘 무엇을 할 것인가? 이는 주어진 일에 충실하고, 할 수 있는 한 최선을 다해 미래를 계획해야 한다. 이것은 노력이다. 그리고 남은 시간에는 좋은 징조를 만나거나 만들어야 한다.

세계의 역사는 자연의 법칙을 따르고, 또한 자연계에 오래전부터 내재했던 하늘의 법칙에 따른다. 노자가 말했다. 만물은 음을 등에 지고, 양을 끌어안으며, 충기로 화(和)한다고. 이는 운이 있고, 법칙이 있으며, 인간이 그것들을 잘 조절할 수 있다는 뜻이다.

4 징조를 해석해 운명을 바꾸는 법

운명을
개선하는여행

나는 50년 전쯤에 매우 궁색했다. 생존이 어려울 지경이었는데 갑자기 여행을 가게 되었다. 내가 여행을 계획해서 간 것이 아니고 친지의 강력한 초청으로 그야말로 강제로 여행을 하게 된 것이었다. 여행지는 일본의 센다이 지역, 지금은 원자력발전소 사고로 초토화된 곳이다. 그러나 내가 여행을 갔던 당시에는 낙원 그 자체였고 나는 이곳에서 6개월 정도 지냈다. 고향에 돌아와 봐야 별로 좋은 일이 없던 시절이어서 여행 그 자체는 현실도피 겸 행복을 찾게 해준 기회였다. 6개월은 잠깐이었다. 그곳에 좀 더 오래 머물고 싶었으나 남의 집에 언제까지나 있을 수는 없는 일이라 아쉬움을 남긴 채 고향으로 돌아왔다.

그런데 여행에서 돌아온 후부터 이상한 일이 생겼다. 하는 일마다 잘 풀렸고 어느새 현실을 짓누르던 궁핍함과 고통이 사라져 가고 있었다. 그 이유는 먼 곳을 오래 여행한 탓에 운명이 바뀌었기 때문이었다. 하지만 그 당시에 나는 그것을 잘 몰랐다. 《주역》을 공부하고는 있었으나 초보의 과정이었고 징조를 논할 수준은 한참 모자랐다. 그러나 나는 본능적으로 왠지 여행이 나의 운명에 좋게 작용했다고 느끼고 있었다.

그로부터 세월이 한참 더 흘렀다. 나의 운명은 또다시 나빠지기 시작했다. 전보다 훨씬 더 나빠진 것이다. 자살까지 생각할 정도였다. 그런데 나는 우연한 기회에 또다시 여행을 떠나게 되었다. 이번에도 스스로 계획한 것은 아니고 가야 할 일이 생겨 가게 된 경우였다. 좀 더 먼 곳인 태평양 건너 미국이었다. 내가 살던 곳에서 보면 지구의 반대편인 셈이다. 나는 미국으로 가서 3년 이상 지냈다. 정착해도 될 만한 상황이었는데, 미국 생활을 견디지 못하고 고향으로 돌아왔다.

그러자 이번에도 마찬가지로 나빠졌던 상황은 꿈처럼 사라졌고, 내 운명이 개선되어 있었다. 그 후 수십 년간 나의 운명은 날로 개선되어 갔다. 이제 좋은 방향으로 운명이 바뀌어 한평생을 살게 된 것이다. 이 무슨 징조 때문이냐? 두말할 것도 없이 여행 때문이었다.

4 징조를 해석해 운명을 바꾸는 법

여행은 《주역》의 괘상으로 화산여(☲☶)다. 이 괘상은 '현실을 떠난다'는 뜻이 있다. 지구 반대편까지 갔을 정도면 징조 중에서도 아주 강력한 것이었다. 그 여행은 나를 괴롭히던 운명으로부터 잠시 벗어나게 해준 계기였다. 이때부터 나는 《주역》을 더욱 깊이 있게 공부했고, 징조에 대해서도 심도 깊은 연구를 하게 되었다. 두 번의 여행으로 개선된 운명을 보고, 여행이 아닌 다른 모든 징조에 대해 알아보고 싶었다. 그 후로 지금까지 징조를 진지하게 살피며 살게 되었고, 또한 그것은 일상 속에서 수준 높은 취미가 되었다.

징조는 나쁠 때도 있고 좋을 때도 있다. 나는 징조를 오래 살피다 보니 종종 예상한 것과 미래가 맞아떨어지기도 했다. 그러면 그저 즐거울 뿐이다. 이제는 나쁘고 좋고를 크게 개의치 않은 편이다. 내가 징조에 대해 얘기하는 중에도 징조는 불쑥불쑥 찾아온다. 가령 오늘 아침에는 우리 집 주방 찬장이 통째로 무너졌다. 이것은 흔치 않은 일이다. 앞으로 대체 무슨 일이 생기려고 그토록 요란스럽게 찬장이 무너졌을까? 찬장은 겉모습이 변하지 않은 상태로 오랫동안 유지되었다. 그러나 그 내부에서는 끊임없이 자체의 하중을 견디고 있었다. 이는 계속적인 변화를 뜻한다. 만물은 그 어느 것도 변화하지 않는 것이 없다. 산도 세월이 오래 흐르면 변화하는 법이다.

찬장은 결국 자체의 하중을 견디지 못하고 무너져 내렸다. 그것이 언제일지는 그 누구도 모른다. 더군다나 내가 마침 그 근처에 있을 때 무너져내린 것은 아주 드문 현상이 아닐 수 없다. 찬장이 무너져 내린 것은 어떤 징조일까? 괘상으로 산풍고(䷑)라는 것인 데 이는 정체가 무너진다는 뜻이다. 산사태도 바로 이 현상이다. 정체란 산과 같고 그것이 무너진 것은 정체가 풀린 것이다. 사업 의 경우는 재고품이 쌓여가다가 갑자기 없어지는 것이다. 즉 재고 가 팔려나가기 시작하는 것을 의미한다.

나는 징조를 맞이하는 세월 중에 산풍고를 만났으므로 나의 정 체가 풀린다는 의미가 된다. 과연 징조대로 오랫동안 정체되어 있 었던 사업이 일순간 풀리기 시작했다. 나는 징조를 보자마자 이런 생각을 했다. "어? 사업에 변화(풀림)가 생길 것인가?" 내가 해석 한 징조의 의미는 그대로 맞아떨어졌고 신의 비밀인 미래를 나는 미리 알게 된 셈이다.

징조는 자연의 현상이고 그것이 발생했을 때는 어떤 것과 동시성 을 이루기도 한다. 모든 현상이 그렇다는 것은 아니지만 빈번히 동 시성을 이룬다. 동시성이란 융이 말했듯이 서로 독립된 사건이 하 나의 맥락으로 움직이는 것이다. 이로써 미래는 드러나게 된다.

이제부터는 징조를 해석하고 그에 따라 운명을 개선하는 법에 대해 집중적으로 알아보겠다.

화산여
: 현실을 떠난다는 뜻

산풍고
: 정체가 무너진다는 뜻

지금 너무 바쁘다면
운명이 나빠지고 있다는 뜻

R은 최근 들어 예정했던 일이 자꾸만 빗나가고 있었다. 특히 약속이 자꾸만 틀어졌다. 상대방이 일정을 변경한 것이 아니라 R 자신에게 자꾸 그런 일이 생겼다. 다행히 상대방과 약속을 정한 후에 바꾸거나 취소한 것은 아니었다. 단지 약속을 정하려고 할 때마다 잘 안 되었다. 다음 주쯤 누구를 만나야지 하고 마음속으로 다짐했다가도, 그 주에 갑자기 다른 바쁜 일이 생기고 말았다. 그래서 예정해둔 것을 계속 취소할 수밖에 없었다.

문제는 이런 일이 한두 번이 아니라 몇 달간 계속되었다는 것이다. 무엇인가 마음을 먹으면 다른 사정이 생겨 그 일을 할 수가 없었다. 이러다 보니 R은 앞으로 무슨 일을 계획할 때 과연 그때 가서 그 일을 진행할 수 있을까 걱정이 되기도 했다. 걱정은 매번 적중했다. 무슨 일이든 계획만 하면 틀어지는 것이다. 그래서 R은 누구와도 약속을 함부로 할 수가 없었다. 자신 때문에 약속을 자주 취소하다 보면 신뢰관계가 다 깨어질 것은 당연한 일이다.

그래서 R은 누가 약속을 정하자고 하면 대답을 시원하게 못 하고 "글쎄…, 스케줄 좀 확인해보고…." 하게 되었다. 자꾸만 이런 식이 되다 보니 주변 사람들이 하나둘 연락을 끊는 데까지 이르렀다. 참 난감한 일이다. 예전에 R은 약속을 잘 지키는 사람이었다. R은 이유를 생각해봤다. 왜 이리 바빠진 것일까? 스스로 생각해봐도 어처구니가 없었다. 평소에는 너무 한가해서 걱정이었는데, 이제는 가까운 앞날의 스케줄도 정할 수 없게 된 것이다.

이것이 무슨 일일까? 몇 달간 계속되었으니 이것은 미래를 예견하는 징조다. 괘상은 뇌산소과(☶)인데, 이것은 사업이 축소되거나 파괴되고 앞으로 나아갈 수가 없다는 뜻이다. 그리고 몸이 아프거나 사고로 다치는 것, 심지어 사망의 위험도 경고한다. R은 현재 인생의 위기를 맞이하고 있는데 정작 당사자는 이를 모르고 태평하게 지내는 것이다. 이 정도의 징조는 어떻게 하든 고쳐야 한다.

먼저 문제가 무엇인지 파헤쳐보자. R은 사람을 만날 시간적 여유가 없는 상태다. 바로 이것이 문제다. R은 누구를 만날 수조차 없을 정도로 이미 너무 바쁘다. 사람이 너무 바쁘다는 것은 아주 위험하다는 뜻이다. 영혼이 꽉 조여져 자유가 없고 기계처럼 살아간다. 영혼이란 너무 자유로워서도 안 되지만 너무 부자유해서도 안 된다. R의 경우는 영혼이 몸을 쫓아다니느라고 넓은 것을 보지 못하고 있다. 혼이 빠진 것이나 마찬가지다. 있어도 움직일 수 없으니, 이것은 없는 것과 다르지 않다는 의미다.

인생에서 쉴 틈도 없이 바쁘다는 것은 보람찬 것이 아니라 아주 위험한 것이다. 땀을 흘리며 사는 것이 제법 근면하고 훌륭한 것 같지만, 삶의 목적은 근면해지는 것이 아니지 않은가. R은 지금 당장 바꿔야 한다. 그는 주말마다 등산을 갔고, 퇴근 후에는 헬스클럽에 가거나 파트타임으로 영어를 가르치며 돈을 벌었다. 하지만 이런 일들은 모두 시간 여유가 있을 때나 하는 일이다. 친구들과 차 한잔할 시간도 없다는 것은 큰 문제다.

지금처럼 지낼 바에는 직장도 그만두는 편이 낫다. 시간이 너무 없다는 것은 재난에 대해 무방비란 뜻이다. 사람이 여유를 가지고 쉬고 있을 때, 그저 놀고 있는 것이 아니다. 영혼에게 자유를 주어 사방(우주 끝까지)을 살피게 하고, 운명을 감독하게 하는 것이다. 영혼은 원래 미래를 방비하는 힘이 있다. 우리 몸의 면역력과 같다. R은 현재 영혼의 면역력이 점점 떨어지고 있다. 계속 이런 생활이 지속되면 영혼이 반란을 일으킬 수 있다. 우리의 몸과 마음이 아무것도 하지 않고 있는 시간에 영혼은 실로 많은 일을 한다.

R과 비슷했던 한 사람은 사고를 당해 의식불명 상태가 되었다. 이 사람은 누차 경고를 받았음에도 징조를 무시했다. 새벽부터 밤늦게까지 1분의 여유도 없이 일정이 꽉꽉 차 있다면 이는 재앙으로 떨어지는 중이라고 봐도 무방하다. 인간 사회에 주말 휴일이 있어 1주일에 한 번이라도 쉬게 하는 데는 다 이유가 있다. 이럴 때까지 돈을 더 벌려고 나서면 재앙을 맞을 수도 있는 것이다.

요동 치는 영혼을 쉬게 하라

영혼이란 것은 뇌와 마찬가지로 생각도 하고 기억도 한다. 그리고 몸처럼 이동도 가능하다. 영혼의 이동에 대해서는 생명과학자 라이얼 왓슨이 연구한 바 있는데 이는 한마디로 표현할 수 있다. 영혼은 탁 트인 곳에서는 나아가고 막혀 있는 곳에서는 되돌아온다. 영혼도 운동을 하는 것이다. 그러나 실은 운동이 아니고 활동이다. 운명이란 바로 이 활동의 결과다. 물론 이것은 그때그때 만들어지는 약한 운명을 말한다. 그렇다 하더라도 약한 것은 큰 운명을 쫓아가는 열쇠가 되기도 한다.

젊은 여성인 K는 요즘 만사가 귀찮은 상태다. 젊은 사람이 걸핏하면 쉬고 싶다고 말한다. 그래서 직장도 쉬고 반년 가까이 놀고만 있었다. 그러다 또 잠깐 직장을 다니고 나서는 아예 직장을 안

다니고 사는 방법을 연구하고 있다. 그러다 보니 생활은 점점 게을러지고 의욕도 점점 사라졌다. K는 우울증인가 싶어서 정신과 병원에도 찾아갔지만, 의사는 지친 것이니 좀 쉬면 괜찮아진다고 했다. 그러나 이는 말이 안 된다. K는 몇 년째 직장도 다니다 말다 하면서 늘 쉬고 있었기 때문이다.

그런데 K는 왜 항상 피곤하고 쉬고 싶을까? 기력이 없어서? 아니다. 아직 나이도 젊은데 기력이 없을 리는 없다. 단지 일하기가 싫을 뿐이다. K는 일에 관해서만 의욕이 없었고, 노는 것은 좋아했다. 항상 입버릇처럼 책이나 보고 여행이나 다니며 살고 싶다고 말한다. 아마 많은 사람이 일보다는 그냥 취미생활이나 하면서 살고 싶어 할 것이다. 하지만 이는 운명이 아주 좋은 극소수의 사람만 가능하다. K를 비롯한 보통 사람은 일을 해야 한다. 그런데도 K는 쉴 생각만 하고 있으니 대체 왜 그렇게 된 것일까?

이것 역시 징조다. 괘상은 풍지관(䷓)에 해당하는데, 이는 영혼이 한 곳에 집중하지 못한다는 뜻이다. 명리학, 관상학에서는 '역마살'이라고 부른다. 이런 사람은 평생 큰일을 성취하지 못한다. 원인은 영혼에 있다. 영혼이란 너무 요동치면 안 된다. 영혼이 우리 몸을 빌려 이 세상에 온 이유 중 하나는 고요해지기 위함이다.

K는 지금 영혼이 너무 바삐 움직이고 있다. 그러니 몸과 마음이 주어진 일에 집중하지 못한다. K는 항상 이사 가고 싶다고 말한

다. 이것도 역마살의 증거다. 이 풍지관 괘상은 바람이 대지 위를 정처없이 돌아다니는 것을 뜻한다. 그래서 무슨 일도 성취할 수가 없는 것이다. 나는 K에게 잠깐씩이라도 명상을 해보라고 권했다. 명상을 통해서 요동치는 영혼을 잠시라고 안정시켜야 한다.

뇌산소과
: 사업이 축소되고 또는 파괴되고 앞으로 나아갈 수가 없다는 뜻

풍지관
: 영혼이 한 곳에 집중하지 못함, 바람이 대지 위를 정처 없이 돌아다닌다는 뜻

운의 흐름을 끊으면
역풍이 돌아온다

나는 축구팬으로 지난 60년 동안 월드컵 축구를 빠짐없이 지켜봤다. 몇 년 전의 일이다. 우리나라는 월드컵 축구 예선전을 통과하고 본선 32강전에 진출했다. 본선 1회전은 4팀의 리그전 형식으로 진행되었다. 우리는 최소한 1승은 해야 1회전이라도 통과할 수 있었다. 그만큼 1승이 귀했다. 첫 상대는 제법 강한 팀으로 우리나라가 승리할 가능성은 아주 작았다. 그런데 어쩐 일인지 처음부터 잘 풀려서 골을 넣은 것이다. 우리나라 선수들의 투지가 발동하는 순간이었다. 관중이 열광하고 감독도 얼굴이 환해졌다. 이제는 승리도 가능한 것이다. 투지의 한국팀, 강하게 밀어붙이면 또 한 점을 추가할 기세였다.

나는 주역 전문가로서가 아니라 축구를 오래 봐온 수준 높은 팬으로서 그 경기의 승리를 예감하기 시작했다. 그런데 그 순간, 이상한 일이 발생했다. 감독이 여러 명의 선수를 교체한 것이다. 전원 수비수였고 여기에 골키퍼도 교체했다. 1점도 귀한 상황에 한 골을 넣었으니 이것을 지키고 싶었던 것이다. 축구에서 흔히 구사하는 작전이었다.

그러나 나는 이 순간 나도 모르게 탄식이 나왔다. "미쳤군!" 당시 나는 친지 여러 명과 함께 경기를 보고 있었는데, 이 순간 나는 패배를 직감하고 단호하게 선언했다. "졌다…." 이때 나는 축구팬으로서가 아니라 주역 전문가로서 상황을 읽은 것이다.

선수가 여러 명 교체됨으로써 축구의 흐름이 끊겼다. 투지가 끓어오르고 있었는데 찬물을 쫙 끼얹은 것과 같았다. 결정적인 것은 상대편이 여유를 갖게 된 것이다. 우리 편이 강하게 몰아붙일 때는 당황했는데 이제 몇 분 쉬고 나니 그들 특유의 실력이 살아나기 시작했다. 불과 몇 분 사이에 우리는 수세에 몰리고 만 것이다. 이런 상황은 《주역》의 괘상으로 천풍구(☰)다. 앞에서 여러 번 설명했듯이, 이는 역풍이라는 뜻이다. 갑자기 바람의 방향이 바뀌는 것이다.

선수들은 일순 피로가 몰려왔다. 기세로 몰아붙일 때는 피로를 느낄 새가 없었다. 그러나 이제는 몸이 늘어지기 시작했고 상대방은 1점을 만회하려고 거세게 공격했다. 이로부터 불과 몇 분 후 1골을 먹었다. 여기서 끝이 아니었다. 우리 편 골키퍼는 실수를 연발했다. 내가 예측했던 그대로 경기가 흘러갔다. 결과는 더 이상 볼 것이 없었다. 이 모든 것이 감독의 잘못이었다. 《주역》의 지뢰복(䷗)은 한 가닥 희망이 보인다는 괘상이다. 그때 우리 축구팀이 바로 그랬었다. 이럴 때 옛 성인은 조용히 페이스를 지키라고 가르쳤다. 오죽하면 집 밖에도 나가지 말고 자중하라고 했을까?

잘될 때는 바꾸지 말아야 한다. 더구나 스포츠는 더욱 그렇다. 사업도 그렇다. 잘되고 있을 때 갑자기 확장하면 안 된다. 그냥 그대로 당분간 지내야 한다. 축구에서도 어렵게 1골을 넣었다면 여세를 밀어붙여야 한다. 축구는 90분이지만 이는 우리의 일생과도 같다. 감독은 축구만 잘 알아서는 부족하다. 운이라는 것도 직감해야 한다. 기칠운삼(技七運三)이라는 말도 있으니, 세상일은 실력만으로 되는 것이 아니다. 축구의 기량은 순간적으로 달라질 수 있다. 이것이 바로 운이다. 그런데 우리나라 감독은 이것을 살리지 못했다. 당시 감독은 곧바로 경질되었다. 자질이 부족했던 것이다.

스포츠 경기라는 것은 흐름이 중요하다. 다름 아닌 투지의 연속이기 때문이다. 천풍구라는 것은 갑자기 이상한 역풍이 발생한 것으로 인생살이라면 매우 위험한 순간이다. 천풍구의 상황은 우리 생활에도 빈번하게 발생한다. 이상한 짓을 하면 안 된다. 너무 부지런하게 궤도를 바꾸는 것도 좋지 않다.

4 징조를 해석해 운명을 바꾸는 법

천풍구
: 역풍, 바람의 방향이 바뀐다는 뜻

지뢰복
: 한 가닥 희망이 보인다는 뜻

비굴하고 천박한
인간 등급에서 벗어나라

사람에게는 신분이라는 것이 있다. 조선 시대도 아니고 이게 무슨 말인가? 권력이나 돈으로 나뉘는 신분이 아니라 품위나 인격에 관한 이야기다. 서양에서는 '신사'라는 단어를 쓰는데, 유럽의 신사는 옷을 잘 입을 자격이 있고 또 잘 입는 사람을 의미한다. '신사(紳士)'의 한자 뜻 역시 '큰 띠를 두른 선비'다. 큰 띠는 옛날에 높은 관직을 뜻했다. 여기에 더해 인격이란 것도 추가된다. 그래서 '신사답게'라는 말도 있다. 이는 겉모습이 깨끗한 만큼 그 마음도 품위가 있어야 한다는 뜻이다. 마음의 품위! 이것이야말로 그 사람의 신분이 아닐 수 없다.

예를 들어 '소크라테스'라고 하면 그의 옷이 깨끗하든 남루하든 상관없이 신분이 아주 높다. 소크라테스쯤 되면 하늘도 존경하는 위대한 성인이다. 당연히 신분이 높다고 봐야 한다. 세상에서의 신분은 죽으면 사라지는 것이다. 그러나 성인의 신분은 우주에 영원히 남는다. 인류의 발전에 지대한 공헌을 했기 때문이다. 인생의 수많은 목표가 있겠지만, 이런 사람을 본받는 것이야말로 인생에서 가장 소중한 목표가 될 것이다. 여기서는 무슨 철학을 얘기하자는 것은 아니고, 그저 인간의 품격을 얘기하는 것이다.

얼마 전 나는 전철을 타고 가다가 어느 부부를 보았다. 전철 안에 승객이 몇 명 없어 텅 비어 있었고, 나는 그들 부부의 건너편에 앉아 있었다. 이때 여자의 목소리가 들려왔다.

"병신아, 그것도 제대로 못 해!?"

너무 험상궂은 말에 나는 민망해서 얼른 눈을 감고 자는 척했다. 남편에게 "병신아!"라는 칭호를 써도 되는가! 남편은 무엇인가 일을 크게 잘못 처리했나 보다. 그래서 변명을 하고 있었다. 그러자 여자의 목소리가 또 들려왔다.

"그게 아니야, 병신아!"

남편이 이어 말했다.

"돈을 안 주는 걸 어떻게 해?"

이들은 남에게 물건을 주고 돈을 받지 못한 것 같았다. 남편이 수금에 실패했던 것이다. 남편의 변명에 여자는 화가 난 듯했다.

"야. 네가 병신처럼 보이니까 무시하고 돈을 안 주는 거야!"

여자가 이렇게 말하자 남편은 이제야 알아들었다.

"알았어!"라고 대답하고 일단락되는 듯했는데 남편이 한마디 덧붙였다.

"근데 말이야, 내가 가서 무섭게 째려보면 돈을 줄까?"

남자가 묻자 여자는 이렇게 대답한다.

"누가 표정을 무섭게 하래? 더 세게 나가야지. 병신처럼 가만히 있지 말라고! 알았어?"

대화는 여기서 끝나고 남편은 전철에서 혼자 내렸다. 단단히 결심하고 돈을 받으러 떠난 것이다. 과연 그 남편은 돈을 받아낼 수 있을까?

문제는 그게 아니었다. 아내의 그 말투가 가장 큰 문제인 것이다. 남편은 익숙하게 그 말투를 받아들였다. 오늘 전철 안에서 처음으로 들은 것은 아닌 게 분명했다. 남편은 늘 이렇게 대우받았던 것 같다. 이것이 어떻다는 말인가? 아주 큰 문제다.

남편이 신분이 천해질 대로 천해진 것이다. 그의 영혼은 주눅이 들어 있고 항상 비굴한 자세를 취하고 있다. 이래서는 영혼이 정상적인 활동을 하지 못한다. 남편은 오늘 수금을 하든 못 하든 운명이 끝장났다. 저런 뇌에 깃들어 있는 영혼은 기를 펴지 못하고 평생 천박한 운명의 길을 걸어갈 것이다.

그렇다면 아내 잘못일까? 아내를 탓할 필요가 없다. 아내는 고작 상스러운 말투를 사용한 것뿐이지만, 남편은 비굴하고 천박하게 최하의 신분으로 추락한 것을 스스로 바로잡지 못했다. 그것이 가장 큰 죄다. 그런 말을 쓰지 못하도록 아내를 설득하거나, 정 안 되면 집을 나가버릴 수도 있다.

사람은 명예롭게 살아야 한다. 최소한 비굴하고 비천한 인간이 되어서는 안 된다. 병신같은 놈이 어떻게 운명을 개선하겠는가! 그의 아내는 어떻게 남편을 계속 병신으로 만들어가면서 부귀영화를 꿈꾸는가? 남편은 그 덩어리 자체가 아주 몹쓸 징조인 것이다.

이러한 상황은 괘상으로는 천수송(䷅)에 해당한다. 이는 신분이 추락하고 어둠 속을 헤맨다는 뜻이다. 남과 시비가 붙거나, 관재수(관청으로부터 재앙을 받을 운수)도 있으며 하는 일마다 실패할 것이다. 현재 상태를 개선하지 않는 한 하늘은 계속 시커멓게 흐려진 상태일 것이다. 소낙비도 오고 있으며 사업은커녕 온전한 몸을 유지하기조차 힘들다.

물론 아내도 같은 상황에 처했다. 천박하고 병신같은 남편을 매일 보고 살아야 하니 이보다 나쁜 징조는 없다. 지금이라도 남편을 귀히 여기는 아내가 되어야 할 것이며, 남편 자신부터 당당한 사람으로 바뀌어야 한다. 하늘은 스스로 돕는 사람을 돕는다고 하지 않았는가!

천수송
: 신분이 추락하고 어둠 속을 헤맨다는 뜻

착한 사람은
왜 잘살지 못하는가?

전래동화의 결론은 대부분 "착한 사람이 복을 받는다."다. 흥부와 놀부도 그랬고, 콩쥐와 팥쥐도 그랬다. 자, 정말 착한 사람이 복을 받을까? 동화를 다시 떠올려 보면, 흥부는 착했고 그래서 복을 받았다. 어쨌거나 '권선징악' 스토리다. 그런데 흥부는 과연 착해서 행운을 맞이한 것인가? 이 질문에 대한 답은 좀 애매하다. 오늘날 우리 사회에 무수히 많은 부자가 있다. 그들이 착해서 부자가 되었는가? 오히려 그들을 나쁘게 생각하는 사람이 더 많지 않은가.

물론 그들을 공연히 미워하거나 시기, 질투할 필요는 없다. 그런 경우를 제외하고 순수하게 생각해서 여러분은 부자들이 착한 사람이라는 증거를 본 적이 있는가? 예를 들어 재벌은 복을 많이 받고 있으니 엄청 착해야만 한다. 그러나 재벌도 마찬가지로 착한 사람이라는 증거는 별로 없는 듯하다. 이래저래 착해야 복을 받는다는 옛이야기는 믿기 어렵다. 이 문제를 좀 더 깊이 살펴보자.

우선 생각해볼 것이 있다. '착하다'는 것은 도대체 무엇인가? 그것을 제대로 따져봐야 착한 사람이 복을 받는지 아닌지 알 수 있다. 예를 들어보자. A라는 사람이 있는데 그는 파리 한 마리 못 죽이는 사람이다. A는 착한가? 아니다. 그저 약할 뿐이다. 약한 사람은 남을 해칠 능력이 없으므로 '착하다'는 말을 듣는다. 짐승으로 말하면 토끼나 사슴, 노루 같은 종류다. 사자나 호랑이는 다른 동물을 잡아먹으니 나쁜 놈으로 취급된다. 하지만 본능에 의해 먹이 활동을 하는 사자나 호랑이가 정말 나쁜가? 그렇게 말할 수도 없다. 그저 동물의 세계에서 벌어지는 약육강식의 논리일 뿐이다. 이런 식으로 따져나가다 보면 '착하다'의 기준은 애매모호하다.

또 다른 사람 B를 보자. B는 작은 것 하나도 남에게 신세 지는 일이 없다. 그리고 남을 돕지도 않는다. 그저 탐욕 없이 자기를 지키는 것이다. B는 어떤 사람일까? 착한 사람일까? 아니다. B야말로 나쁜 놈이다. 사람은 서로 돕고 살아야 한다. 서로 돕는 것은 사람이 가진 최고의 기능이다. 인류는 두 발로 걷게 되면서 손이 자유로워졌고 이로써 물건을 쥘 수 있게 되었다. 손으로 무언가를 만들면서 지능이 높아지고, 점점 발전하다가 마지막에 가서 협력하는 기능이 생겨난 것이다. 오늘날 인류의 찬란한 문명은 협력을 바탕으로 이루어진 것이다.

서로 돕는 기능이야말로 인간이 인간인 이유다. 때문에 남을 돕지 않고 오로지 자기 자신만을 위해 사는 B 같은 사람은 착한 사람이 아니다. 그는 협력을 통해 만들어진 사회에서 살아가며, 여러 사람이 애써 만든 기업에서 월급을 받지 않는가! B가 정말 남의 신세를 안 지고 싶다면 무인도에 가서 혼자 살아야 한다. 그러므로 그는 결코 착한 사람이 아니다. 혹여 B가 무인도에서 홀로 살아간다면 그것이 무슨 의미가 있겠는가? 타인을 위해서 아무 일도 하지 않는 인생이니 말이다.

타인을 이롭게 하는 존재는 보호받는다

그렇다면 도대체 어떤 사람이 착한 사람일까? 일일이 따지자면 한이 없다. 그래도 간단히 얘기하자면 착한 사람이란 착한 일을 하는 사람이다. 착한 일이란 남을 도와주는 일이다. 여기서 생각해보자. 나는 착한 사람인가? 이는 당신이 타인 혹은 인류를 위해 무슨 일을 했는가를 묻는 것과 같은 질문이다. 나 자신만을 위해 열심히 살아왔다고? 남을 해치지 않았다고? 그것은 착한 일이 아니다. 착한 것은 남을 돕고, 누군가를 구원해주고, 주위 사람을 사랑해주고, 타인에게 이익을 주는 것이다. 여기서 중요한 것은 '사람에게'이다. 동물은 끔찍이 사랑하면서 사람은 전혀 사랑하지 않는다면 이는 매우 나쁜 행동이다.

자, 이제 '착하다'의 정의를 간단히 이해했을 것이다. 남을 도와주는 것이다. 그렇다면 남은 질문은 '이런 사람이 복을 받는가?'다. 그렇다! 그렇다고? 그런데 왜 착한 일을 한 사람이 잘살지 못하는가? 여러분 자신에게 물어보기 바란다. 여러분은 얼마나 착한 일을 하면서 살았는가? 즉 얼마나 (나 자신만이 아닌) 인간을 이롭게 하며 살았는가? 조금 했다? 이 정도로는 하늘이 주는 복을 기대할 수 없다. 사람이 조금 착한 것은 그저 인간으로서 의무를 다한 것 뿐이다. 조금 착한 것은 사람이면 누구나 그래야 한다. 복을 받으려면 인간을 위해 많은 일을 해야 한다.

그런가? 그런데 그런 사람도 별로 잘살지 못하면 이는 어찌 된 일인가? 세상에는 매우 좋은 일을 하는 사람이 많은데, 그런 사람들이 모두 다 잘사는 것은 아니다. 오히려 제대로 된 행운을 누리지 못하는 사람이 대부분이다. 세상이 이러할진대 어째서 착하게 살면 복을 받는가? 이제야 질문이 점점 명확해졌다. 답을 구할 때가 온 것이다.

자연의 생태계를 살펴보자. 어떤 존재가 있는데, 이것이 남에게는 이익을 전혀 주지 못하고 자기 스스로에게만 준다고 치자. 이런 존재가 생태계에서 계속 살아남을까? 그럴 수는 없다. 생태계 전체가 볼 때 해로운 존재는 어떻게든 제거하게 된다. 그래서 이것은 결국 도태되고 만다. 우리 몸에 해로운 물질이 들어왔을 때 인체가 이를 제거하고자 하지 않는가?

우주 대자연은 살아 있는 존재다. 굳이 신을 이야기하지 않아도 우주를 해치는 존재는 언젠가 제거되고 말 것이다. 이로운 존재라면 어떨까? 이는 생태계가 보존하려고 애쓸 것이다. 그래서 오랜 세월이 지나면 그런 존재는 진화한다. 사람도 마찬가지다. 세상에 이로운 사람은 그 이유 때문이라도 생태계(세상)가 그를 좋아하고 돕고 보존시킬 것이다.

조금 다르게 얘기하면, 세상에 이로운 사람은 하늘이 그를 도울 것이다. 하늘이 착한 사람을 돕는 것은 천지 대자연의 섭리다. 다만 하늘이 언제 돕는지는 알 수가 없다. 그러나 은행에 돈을 저축해놓은 것처럼, 착한 사람은 하늘에 행운을 저축해놓은 것과 똑같다. 하늘은 세상이 잘되라고 창조했다. 그러므로 세상을 돕는 존재(착한 사람)가 있다면 기필코 보호해주고 싶을 것이다.

착한 일을 하면 반드시 복을 받는다. 강태공이 말했다. "선을 축적하는 집안은 남은 경사가 있다." 이것은 좋은 일은 반드시 보상을 받는다는 뜻이다. 그리고 좋은 일을 하면서 사는 사람은 여간해서 재앙을 맞지 않는다. 좋은 일을 하면서 운을 저축하라. 행운이 좀 늦어지더라도, 만기가 올 때까지 인내심을 가지고 기다려야 한다. 큰 행운이 아니면 어떤가? 적어도 재앙이 오지 않는다는 것을 위안으로 삼으면 된다.

그런데 좋은 일을 하면서 매번 하늘에 그 보상을 원한다면 어떨까? 이런 것은 '좋은 일'이 아니다. 하늘을 상대로 흥정을 하겠다는 것이 아닌가? 대가를 바라거나 목적을 가지고 한 일이 아니라 무심코 한 좋은 일이 커다란 행운으로 돌아오는 법이다. 그게 하늘의 이치다.

말이 곧
그 사람의 인격이다

세상엔 무수히 많은 사람이 있고, 이들은 각자 자신의 행동을 결정하며 살아간다. 그리고 그 행동에 따라 인생의 평가가 내려진다. 어떤 사람이 히말라야 등반에 도전했다면, 그 행동으로 그의 인생이 평가받는다. 올림픽에 나가 금메달을 땄다면 평생 명예가 따라다닐 것이다. 좋은 평가를 받은 것이다. 세계적인 축구선수 손흥민은 수시로 골을 넣는다. 그로써 좋은 평가를 받는다. 사람은 이렇듯 어떤 종류의 평가든 받게 된다.

한편 어떤 사람은 죄를 많이 짓고 감옥에 감으로써 나쁜 평가를 받는다. 사람은 등급이 있는 법이다. 그런 말이 어디 있느냐고 역정을 낼 사람도 있을 것이다. 여기서 말하는 등급은 인품을 말한다. 돈이 많든 적든, 명예가 있든 없든, 권력이 있든 없든, 잘생겼든 못생겼든 사람의 등급은 인품으로 결정된다. 인생 최고의 가치를 찾기 위해 수행하는 도인들도 결국 인품을 향상시키는 것이 목적이다. 인품, 인격, 성품 등은 모두 같은 뜻이다.

그렇다면 사람의 인품을 쉽게 파악할 방법이 무엇일까? 딱 하나 있다. 그것 하나면 그 사람이 어떤 사람인지 당장 알 수 있다. 바로 그 사람의 '말'이다. 물론 여기서 말하는 인품은 하늘이 내려다보는 인간의 품격을 뜻한다. 돈이나 권력, 명성 등이 대단하다고 해서 반드시 하늘로부터 좋은 점수를 받는다고 볼 수는 없다. 어쨌거나 그 사람의 말이 곧 그 사람의 인격이다. 말은 정신에서 나오는 것이기 때문에, 잘 살피면 그의 내면의 세계를 훤히 들여다볼 수 있다.

말하는 것을 보면 그 사람의 진짜 모습을 알 수 있다는 것은 누구나 아는 이야기다. 그렇다면 말을 어떻게 살펴야 하는가? 일단 말수가 많으냐 적으냐를 살펴야 한다. 당연히 말이 많은 사람은 정신의 품격을 의심해봐야 한다.

평소에 주위에서 말 많은 사람을 흔히 보았을 것이다. 심한 경우 도무지 그의 말을 멈추게 할 방법이 없다. 상대방은 아랑곳하지 않고 끊임없이 이야기하는 사람이다. 특별한 내용도 없고, 그저 웃기는 이야기나 철 지난 옛날이야기가 전부다. 정치, 종교, 주식 얘기 같이 때와 장소를 가리지 않고 아무 주제나 제멋대로 꺼내어

쉬지 않고 떠들어댄다.

내가 아는 어떤 사람은 30년 전에도 그랬는데, 아직도 그렇게 지내고 있었다. 말이 많은 것은 고칠 수 있는 병이 아니다. 한번 말이 많아지기 시작하면 끝이 없다. 이로써 인생의 모든 것, 심지어 영혼까지 파괴된다. 앞에서 얘기했듯이 말이 많은 것은 풍천소축(䷈)이란 괘상에 해당하는데, 이는 모든 것이 날아가 버린다는 뜻이다. 무엇보다도 인격이 날아가 버리는 것이 문제다.

말이 많은 것은 우주에서 가장 나쁜 버릇

말이 많은 사람은 사랑도 없고 용기도 없고 지혜도 없다. 그리고 그런 사람의 운명은 큰일은 절대 성취하지 못한다. 그런데 말이 많은 데도 등급이 있다. 어떤 말을 많이 하느냐에 따라 나뉘는 것이다. 이 얘기를 하기 위해 서론이 다소 길었다. 말 많은 것은 우주에서 가장 나쁜 버릇인데, 그 내용에 따라 더 나쁜 사람도 될 수 있다.

입으로 한없이 말을 토해내는 것만으로도 이미 죄가 크다. 하지만 그 내용이 온통 자기 자신에 관한 것뿐이라면 이는 더욱 큰일이다. 대개 말이 많은 사람이라도 내용이 다양한 경우가 있다. 그런 사람은 닥치는 대로 아무 얘기나 뿜어내기 때문에 앞에 있는 사람을 지겹게 하기는 하지만, 그래도 그 내용 중에 조금이라도 새로운 것이 있다면 그나마 들어줄 만하다.

그런데 그 모든 스토리가 자기 자신에 관한 것뿐이라면, 이는 앞에 있는 사람을 고문하는 것과 같다. 세상에 그런 사람이 어디 있느냐고? 실제로 꽤 많이 있다. 내가 만나본 사람들 중에도 100명쯤 된다. 처음엔 말만 좀 많은 사람인가 싶었지만, 가면 갈수록 자기 이야기로 빠져드는 것이다. 이는 심각한 '자기중독'이다. 평생 남을 괴롭히고 자기조차도 파멸의 길로 몰아가는 나쁜 습관이다. 오로지 자기 얘기로 일관하는 사람은 영원히 좋아질 수가 없다.

이런 사람을 뜻하는 괘상은 천산돈(☶)이다. 이는 자기 자신에게 빠져들어 벗어나지 못하고 닥치는 대로 주변 사람을 괴롭힌다는 뜻이다. 괘상의 뜻은 고립, 장애, 무슨 일도 이룰 수 없는 상태 등이다. 《주역》에 나오는 64괘 중 가장 나쁜 괘상에 해당한다. 평생 이런 상태로 살아간다면(대개 이런 상태는 평생 간다) 이는 태어나지 않은 것만 못하다. 자기중독은 그 어떤 중독보다 더 위태롭다.

자기 얘기로 일관하는 사람은 우선 시야를 넓혀 자기 자신 이외의 사람, 사물, 사건 등에 대해 이야기하는 습관을 길러야 한다. 절대로 자기 얘기를 계속해서는 안 된다. 자기노출, 자기중독을 벗어나려면 비상한 각오를 해야 한다.

자기중독에서 벗어났다면 그 후에는 말수를 줄이는 훈련을 하면 된다. 말이 적고 자기 얘기를 많이 하지 않는 사람은 운명이 점

점 좋아지게 되어 있다. 머리를 들어 넓은 세상을 바라보는데 운
명이 개선되지 않을 리 없는 것이다.

 풍천소축
: 모든 것이 날아가버린다는 뜻

 천산돈
: 고립, 장애, 무슨 일도 이룰 수 없는 상태라는 뜻

꿈에서 만난 조상님과
로또 당첨의 상관관계

하늘에 무수히 많은 별이 있는데 이 별들을 그룹으로 모아서 일정한 모양을 만든 것이 바로 별자리다. 물론 별자리는 별들을 유심히 살피면서 일부러 선을 그려 모양을 만들어놓은 것이다. 그 별들의 그룹이 점점 많아지자, 인간은 자신들의 문화와 결부시켜 뜻을 부여했다. 예를 들어 북두칠성은 국자 모양인데, 오래전 점성술사들이 특별한 의미를 부여한 것이다. 사실 그런 의미에서 별자리라는 것은 완전히 인위적인 것이다.

그러나 우주에는 인위적인 것이 아닌, 실제 우주적 규모로 모양을 이룬 것이 있다. 이들은 서로 반응하며 조화를 이루기도 하는데, 마치 서로의 존재와 보조를 맞추는 듯한 모양이다. 물질의 움직임은 빛의 속도보다 빠를 수 없다는 상대성의 원리에도 불구하고, 이들은 마치 이웃하고 있는 것처럼 짧은 시간 안에 모양을 형성한다. 군대에서 지휘관이 병사들을 집합시키고 일사분란하게 열을 맞추도록 하는 것과 같다.

과학자들은 이런 현상을 '얽힘'이라고 한다. 얽힘은 소립자의 세계에서만 이루어지는 것이 아니다. 인간 사회에는 얽힘이 수도 없이 많다. 어떤 현상이 서로 동기화되어 이루어지는 것을 말하는데 이는 다른 말로 '동시성'이라고 부른다. 동시성이란 다름 아닌 얽힘 현상이다. 그래서 이를 잘 관찰하면 미래를 엿볼 수 있다.

한번은 이런 일이 있었다. 나는 어느 친지(A라고 부르겠다)로부터 연락이 오면 신기하게도 며칠 이내로 돈이 생기는 경험을 했다. 그런 일이 여러 번 반복되자 나는 A로부터 오랜만에 전화가 오면 은근히 '또 돈이 생기려나' 하고 기대하게 되었다. 그러고 나면 실제로 어김없이 돈이 생겼던 것이다. 반대의 경우도 있었다. 나는 B라는 친구를 만나면 며칠 후에 꼭 감기에 걸리곤 했다. 그렇다고 B에게 문제가 있느냐 하면 그것도 아니었다. B는 인격도 훌륭하고 여러모로 나무랄 데가 없는 사람이다. '재수 없는 사람'이 아니라는 뜻이다.

또 다른 경우도 있다. 새가 떼를 지어 날아가는 것을 보면 며칠 후에 먼 곳에서 소식이 왔다. 그리고 약속이 취소되면 며칠 후에 꼭 해야 할 일이 생겼다. 이처럼 세상에는 동시에 일어나는 사건들이 참으로 많고, 이는 대자연의 조화에서 기인한다. 자연현상은 따로따로 독립적으로 일어날 수가 없기 때문에 이러한 현상이 일어난다. 모든 것은 시공간을 초월해 모양을 갖추며 일어난다. 그 모양이란 단독적으로는 만들 수 없고 2개 이상의 얽힘으로 인해 일어나는 것이다.

꿈에 조상님을 뵙고 로또를 샀더니 당첨이 되었다는 얘기를 종종 듣는다. 이는 꿈과 당첨이 한 가지 틀에 묶여서 그렇다. 중요한 것은 조화다. 조화는 곧 얽힘이고 동시성이다. 대자연에 이런 현상이 빈번하기 때문에 우리 자신도 이러한 현상에 편입되어 있는 존재다. 그래서 우리는 이를 운명개척에 활용할 수 있다. 간단하다. 생활을 다양하게 하라는 것이다. 한 달 내내 집 안에만 틀어박혀 있으면 돈은 절약되고 휴식도 취할 수 있겠지만, 행운의 조화는 일어나지 않는다.

자기 일에만 너무 몰두하거나 도무지 사람 만날 새가 없을 정도로 바빠서는 안 된다. 오랫동안 여행 한 번 못 가는 상황도 좋지 않다. 이렇게 살면 세상과의 얽힘이 사라지고 동시성도 생기지 않는다. 따라서 행운도 기대할 수 없다.

사람이 살면서 꼭 필요한 일만 해서는 안 된다. 때로는 자신을 세상에 노출시켜야 한다. 그래야 진보와 진화가 이루어지는 법이다. 매일 생활이 똑같은 사람, 즉 단조로운 사람은 이미 조화가 상실된 사람이다. 이런 사람은 조용하게 살 수는 있겠지만, 운명이 특별해질 기회는 거의 없다.

조화라는 것은 《주역》의 괘상으로 수화기제(䷾)라고 한다. 이는 인생이 잘 굴러간다는 뜻이고 언젠가 한 번은 큰 행운을 맞이할 것이라는 의미다. 기회란 드물게 오는 법이지만, 그래도 노력하는 사람에게는 반드시 찾아오게 되어 있다. 특히 사람을 많이 만나는 사람은 성공할 확률이 높다. 옛말에 '사람은 서울로 보내고 말은 제주로 보내라'는 말이 있는데, 이것은 '사람은 사람을 만나 조화를 이루어야 기회가 생긴다'는 뜻이다.

마음의 크기는
반성의 크기

세계지도를 보고 있노라면 우리나라 땅이 상당히 좁다는 것을 새삼 느낀다. 우리나라에 비하면 러시아나 중국, 미국, 캐나다 등은 참으로 넓다. 국가는 일단 땅이 넓어야 하고 인구도 어느 정도 있어야 힘을 발휘할 수 있다. 물론 영토가 작은 나라도 부유해질 수 있다. 우리나라도 그런 편이니까 말이다.

그러나 길게 봤을 때 영토가 작다는 것은 여전히 좀 아쉽다. 국가발전 과정에서 어느 순간 한계에 부딪힐 수 있음을 의미하기 때문이다. 조상님들이 땅을 좀 널찍하게 차지해주었더라면 어땠을까 하는 생각도 든다. 어쨌거나 우리는 주어진 땅에서 우리 몫을 다해 열심히 발전시켜야 한다.

그런데 국가에 영토가 있듯, 그 안에 사는 개인도 자기 땅을 소유할 수 있다. 미국의 어떤 재벌은 제주도 면적의 몇 배나 되는 땅을 가지고 있다고 한다. 그는 자기 땅을 돌아볼 때 자동차로 구석구석 다니려면 시간이 너무 오래 걸리기 때문에 비행기를 이용한다고 한다. 아마도 그 땅의 주인은 그토록 넓은 땅을 가졌으니 앞날에 무궁한 발전이 있을 것이 틀림없다. 땅이란 어느 모로든 쓸모가 있기 때문이다.

이런 상황을 염두에 두고 생각해보자. 땅이란 사람이 사는 장소인데 이를 형이상학적으로 확대할 수 있다. 마음의 넓이로 말이다. 필경 도적놈의 마음은 아주 좁을 것이다. 내가 아는 어떤 사람은 보이스피싱을 주로 하는 범죄자인데 결국 검거되어 감옥에 갔다. 감옥은 어떤 곳인가? 사회에 비하면 아주 좁은 장소다. 아마 그 범죄자의 마음도 일반인보다 좁을 것이다. 남을 속여 돈을 갈취해왔으니, 그런 식으로 산다는 것은 얼마나 편협한가!

반대로 영웅들의 마음은 대평원처럼 드넓을 것이다. 인류의 스승인 소크라테스의 마음은 얼마나 넓을까? 필경 우주처럼 광대할 것이다. 이처럼 마음이 넓다는 것은 그만큼 그 사람의 삶이 풍성하다는 뜻이다.

성인이나 영웅은 말할 것도 없고, 일반인도 마음이 넓으면 운명도 크게 트이는 법이다. 부자들도 마음이 참으로 넓다. '착하다'는 뜻이 아니라 '생각의 스케일이 크다'는 뜻이다. 부자들은 일단 쩨쩨하게 생각하지 않는다. 물론 물질적으로 풍족하고 여유롭게 사니까 마음도 점점 그렇게 변해갔을 것이다. 그러나 그게 다는 아니다. 어쩌면 그들은 처음부터 마음이 넓었기 때문에 세월이 가면서 그러한 부를 형성했을 것이다. 쩨쩨한 사람은 평생 큰일을 못 한다. 재물도 아주 많이는 갖지 못한다.

아이들도 마음이 넓으면 공부도 잘하고 좋은 대학에도 간다. 그러나 어릴 때부터 성품이 쩨쩨한 아이는 일류대학은커녕 대학 자체에 들어가기도 벅차다. 공부란 것도 마음이 넓어야 성취하는 바가 크고 많아진다. 공부란 깊이와 너비를 다 가져야 이룰 수 있기 때문이다. 넓어야 깊어진다. 운명 역시 마음이 넓어야 좋아질 수 있다. 마음의 세계가 넓으면 미래는 다양하게 전개된다.

반대로 내면의 세계가 뻔하면 미래도 그렇게 된다. 그래서 부자가 되려면 근면함도 중요하지만, 시야가 넓어야 하고 나아가고자 하는 보폭도 넓어야 한다. 옛말에 우물을 파도 한 우물을 파라고 했다. 이는 한 가지 일이라도 제대로 완수하라는 뜻이지, 한 가지 일만 하라는 뜻이 아니다. 공자는 이렇게 말했다. 군자는 하나의 그릇으로만 쓰이는 것이 아니라고.

우리가 흔히 "미래를 개척한다."고 말하는데, 이 말의 진짜 뜻은 다양성을 키운다는 것이다. 다양성이란 다름 아닌 마음의 크기다. 그러니 마음이 넓은 사람에게 좋은 미래가 펼쳐질 수밖에 없다.

4 징조를 해석해 운명을 바꾸는 법

어제 생각한 것을 오늘도, 내일도 똑같이 생각한다면 그는 일정한 한계에서 벗어나지 못하고 있는 것이다. 무엇보다 한계에서 벗어나야 한다. 다른 말로 하면 '마음의 폭을 넓히라'는 뜻이다. 이제 충분히 감을 잡았을 것이다. 문제는 어떻게 마음을 넓히느냐다. 그것은 아주 간단하다. 항상 반성하며 살면 된다.

어떤 사람은 '하늘을 우러러 한 점 부끄러움 없이 살았다'고 자부한다. 그러나 그는 편협한 사람이다. 반성이란 파고드는 것이다. 그저 눈에 보이는 것만 적당히 파고드는 것은 반성이 아니다. 반성이란 누구나 볼 수 있는 것을 보는 게 아니라, 숨어 있는 것을 애써 찾는 힘이다.

나의 경우는 60년 전의 일부터 며칠 전의 일까지 끊임없이 반성한다. 내가 잘한 것이 별로 없다는 것을 느낄 때까지 계속 하는 것이다. 내가 착한가의 문제만 해도 남이 나를 어떻게 생각할지를 그 사람 입장에서 생각해야 한다. 자부심이란 오만이다. 이는 반성이 없는 것으로 이런 상태라면 마음의 영토가 넓어질 수 없다. 차라리 열등감이 나을 수도 있다. 세상에 잘난 사람이 얼마나 많은가! 그에 비하면 나는 보잘것없다. 그러니 반성하면서 달라져야 한다. 매일 하루도 쉬지 않고 반성한다면, 그는 훌륭한 사람이 될 뿐 아니라 부자도 된다. 반성만 제대로 해도 우리는 운명을 얼마든지 개척할 수 있다.

만약 어떤 사람이 점점 반성하는 일이 많아지고 반성할 거리가 잘 발견된다면 이는 훌륭한 징조가 된다. 《주역》의 괘상으로는 건위천(☰) 이다. 이는 하늘의 운행이라는 뜻으로 무한한 창조력을 뜻하기도 한다. 공자는 이 괘상에 대해 '군자는 이 괘상을 통해 쉬지 않고 강해진다'고 말하기도 했다. 반성이란 바로 그런 것이다. 반성하는 한 인생은 끝나지 않고 계속 발전한다. 하늘의 운행은 영원하기 때문이다. 자기를 끊임없이 개선한다는 것은, 새로운 운명이 계속 이어져 간다는 뜻이다. 이것은 곧 하늘의 작용이 내 마음속에서 계속 일어나는 것과 같다.

 건위천
　　: 하늘의 운행, 무한한 창조력이라는 뜻

　　4 징조를 해석해 운명을 바꾸는 법

불확실한 순간에 마지막 1%를 끌어오는 용기

어떤 사람은 운명이 아예 없다고 말하기도 하는데 이는 너무 단순한 생각이다. 아마도 자유의지를 말하는 것 같다. 사람이 모든 것을 정한다는 것이다. 그러나 이는 잠깐만 생각해봐도 알 수 있는 일이다. 사람의 선택 또는 의지로 세상이 얼마나 바뀔 수 있는가? 예를 들어 회사에서 내 마음대로 진급이 되는가? 내가 산 주식을 내가 오르게 할 수 있는가? 원하는 대로 오늘 날씨를 정할 수 있는가? 사업을 시작했는데 내 마음대로 잘되게 할 수 있는가? 내가 보내고 싶다고 해서 자식이 그 대학에 척척 합격하는가? 내가 노력한다고 부부가 싸움을 안 하고 영원할 수 있는가? 내가 산 아파트가 내 마음대로 오르는가? 내가 운전을 잘하면 뒤차가 와서 안

받는가?

도대체 세상에 우리의 선택이나 의지대로 되는 것이 얼마나 있는가? 먼 미래의 일을 내가 미리 결심하면 그렇게 되는가? 내 마음대로 되는 것은 세상에 극히 일부일 뿐이다. 식사메뉴라든가, 산책코스 정도는 마음대로 정할 수 있다. 걸어갈지 택시를 탈지도 고를 수 있다. 하지만 그러한 소소한 선택의 자유가 미래까지 보장하는가? 미래가 우리의 선택대로 되는가? 어림없는 얘기다. 여러분이 대한민국에서 태어난 것조차도 마음대로 된 것이 아니다. 남자로 태어났건, 박씨 성을 가졌건, 우리의 선택이나 의지는 아니라는 것이다. 고작 팔다리를 마음대로 움직인다고 해서 세상이 마음대로 되는 것은 절대 아니다.

그러니 '나의 결정, 나의 의지'를 과대평가해서는 안 된다. 그것은 미약한 자유일 뿐이다. 내가 만일 신이라면 세상을 내 마음대로 할 수 있을 것이고, 미래도 내가 만들 것이다. 그렇게 되면 운명은 없고 모든 것은 내가 정한 대로 할 수 있다. 그러나 그것이 가능한가? 현실적으로 생각해보자. 우리가 미래에 대해 정할 수 있는 것은 0.000001%도 안 된다. 경건한 마음을 갖고 운명을 잘 활용할 방법을 연구해야 한다. 우리가 징조를 공부하는 것도 그런 이유에서다.

그런데 여기서 생각할 것이 있다. 운명이 있다는 생각은 하늘에 대한 겸손함일 수 있다. 그러나 정해진 운명이 존재한다는 이유로 자유가 0인 인생이라면 죽은 인생이나 다름없는 것 아닐까? 미래는 그런 식으로 정해져 있는 것이 아니다. 사람이 존재한 이후로 우주는 상당한 많은 유연성이 생겼다. 즉 자유가 운명에 도전하고 있다는 뜻이다. 자유가 만능이라고 믿지는 않되 어떤 경우에는 자유, 즉 나의 선택이 큰 몫을 할 수 있다는 것을 알면 그만이다. 그래서 만약 우리가 여러 가지 근거를 통해 미래를 어느 정도 예측했다고 치자. 이럴 때 우리는 좋은 운명을 끌어당기는 쪽으로 자유의지를 발휘해 선택할 수 있다.

100% 보장된 미래는 어디에도 존재하지 않는다. 어느 정도 개연성을 보면 된다. 그리고 징조의 흐름을 놓쳐서도 안 된다. 이것저것이 미래를 분명히 지시하고 있다면 과감한 행동이 필요하다. 어느 정도 조건이 갖추어졌을 때는 결정을 해야 한다. 물론 결정이 틀릴 수도 있다. 99%로 기대했던 일이 1% 때문에 어그러지는 경우도 있다. 그러나 신이 아닌 이상 100%의 보장은 없다. 이럴 때 필요한 것이 '용기'다.

공자는 용기를 인생에서 빼놓을 수 없는 덕목으로 생각했다. 용기라는 것은 불확실한 순간에 과감하게 행동을 결정하는 힘이다. 미래의 일이 두려워 결정하지 못하고 100%만 기대한다면 이는 매우 위험하다. 사람은 어느 정도는 위험을 감수해야만 위험을 피할 수 있다. 지나치게 안전을 추구하는 것이 오히려 안전하지 못하다. 옛

속담에 '여우 피하려다가 호랑이 만난다'는 말이 있다. 운명개척이란 오로지 지혜만으로 이루어지는 것이 아니다. 때로는 용기가 절대적으로 필요하다.

성공과 실패가 반반이라고 예상될 때 일을 추진하는 것은 투기일 뿐 용기라고 말하지 않는다. 공자도 이런 행위는 반대했다. 맨손으로 호랑이에게 달려드는 것, 바다를 헤엄쳐 건너겠다는 것은 용기가 아니다. 어리석음일 뿐이다. 용기란 충분히 생각한 후 어느 정도 기대치가 나오면 행동하는 것이다. 이런 사람이 결국 인생에서 성공을 이끌어낸다. 반면 매사에 부들부들 떨거나 지나치게 신중하거나 우유부단하거나 망설이는 것은 그 자체로 일생의 징조가 된다. 그런 사람은 언제 어디서나 그러기 마련인데, 어쩌면 타고난 성품일 수 있다. 이는 영혼이 어딘가에 잡혀서 꼼짝 못하는 것이다. 괘상으로는 수산건(䷦)이 된다.

이 괘상은 깊은 수렁에 빠져 운신의 폭이 아주 좁은 것을 뜻한다. 오죽하면 괘상의 이름이 절름발이겠는가! 이런 사람은 평생 크게 되지 못한다. 가족끼리 화합이 안 되고, 부부도 이혼할 가능성이 높다. 용기를 낸다는 것은 영혼이 건강하다는 뜻이다. 무엇이든 잘 헤쳐나갈 수 있으니 당연히 운명도 좋아질 수밖에 없다. 그래서 공자는 용기를 인생에 꼭 필요한 덕목으로 꼽은 것이다.

지독한 오해를 받고 나면 좋은 일이 생긴다

M은 최근 지독한 오해에 휘말렸다. 그는 이로 인해 마음에 큰 상처를 입었는데 오해는 계속해서 풀리지 않았다. 아무리 해명하려 해도 소용이 없었기 때문이다. 애초에 오해는 너무나 어처구니없는 것이었다. 잠깐만 생각해보면 모순이 있다는 것을 알 텐데 M을 오해한 친구 J는 끝까지 이해하지 못했다. 아니, 이해하려 하지 않았던 것 같다. 결국 M은 친한 친구 J를 잃었다. 그나마 다행인 것은 J가 사악한 인간이어서, 오래 사귈 사람은 못되었다는 것이다.

물론 M은 J와 미운 정 고운 정이 다 들어서 친구를 상실한 것에 대해 마음이 허전했다. 차라리 J와 조용히 헤어졌다면 오히려 잘 되었다고 했을 것이다. 그는 나쁜 사람이니까. 그러나 오해를 받고 헤어지게 되니 마치 버림받은 느낌이 들었다.

세상을 살다 보면 오해받는 일이 종종 생긴다. 그리고 대부분의 오해는 약간의 노력으로 풀리게 되어 있다. 진실이 아니기 때문이다. 하지만 M은 정성을 다해 오해를 풀어보려고 애썼지만 상대방인 J는 막무가내였다. 상황이 이렇다 보니 J가 일부러 오해를 지어낸 것 같은 느낌마저 들었다. 물론 그럴 수도 있을 것이다. 어쨌거나 M은 깨끗하게 잊기로 했다. 어차피 그런 친구와는 진심이 통하지 않을 테니 헤어져도 괜찮은 것이다.

그런데 M은 몇 년 전에도 이와 비슷한 일이 있었다. 오해 말이다! M은 양심적인 사람이었지만 종종 오해를 받곤 했다. M은 그저 자신의 행동을 반성할 뿐이었다. 이번에도 그렇게 지나가고 있었다. 다만 없는 죄를 뒤집어쓴 것은 못내 아쉬웠다. 누구에게 하소연도 못 했다. 오해의 당사자인 J는 이미 떠나갔는데 다른 사람에게 호소해봤자 무슨 소용이 있으랴.

오해를 받는 것은 《주역》의 괘상으로 천뢰무망(䷘)이다. 이는 날벼락이란 뜻이다. 하지만 그 날벼락은 죄없이 받은 것으로, 이로 인한 것은 분명 나중에라도 하늘로부터 보상을 받게 된다. 날벼락이란 비록 상처는 받을지언정 양심을 저버린 것은 아니다. 그저 조금 더 조심하며 살라는 하늘의 계시일 뿐이지 경고는 아니다. 나 자신이나 남을 오해하지 않도록 조심하면서 살면 된다.

애석하지만 남이 나를 오해하는 것은 막을 길이 없다. 하지만 지독한 오해를 받게 되면 좋은 일이 생긴다. 조금 좋은 일이 아니라 커다란 행운이 오는 것이다. 천뢰무망이란 괘상은 그런 뜻을 내포하고 있다. 괘상의 이름에 포함된 '무망(无妄)'은 '거짓이 없는 것', '헛되지 않은 것'을 뜻한다.

오해를 받은 것은 하늘에 진 빚(죄는 아니고)을 갚는 것뿐이다. 이제부터는 부끄러울 것이 없고 지나치게 오해를 당한 일에 대해 하늘이 반드시 보상해준다. 묵묵히 기다리면 상처는 사라지고 행운이 열릴 것이다.

4 징조를 해석해 운명을 바꾸는 법

수산건
: 깊은 수렁에 빠져 운신의 폭이 아주 작다는 뜻

천뢰무망
: 오해받는 것, 날벼락이라는 뜻

우주는
모순이 없는 존재다

⊛

O라는 사람이 죄를 지었다고 치자. 강도, 강간, 살인 같은 중범죄다. O는 용케 도망을 다니면서 체포되지 않고 평생 숨어 지냈다. 숨어서 살긴 했지만 나름 즐기면서 잘 지냈고, 그러고는 명을 다해 죽었다. 이제 쫓아다니는 경찰도 없고 사망과 동시에 사건은 무효가 되었다. O는 이로써 그만인가? 분명히 죄를 지었는데, 아무도 O를 처벌할 수 없을까? 왜 하늘은 그를 단죄하지 않는가? 애초에 하늘이란 것은 없고 인간의 법망만 잘 피해 다니면 죄를 지어도 무사한 것인가?

일단 그렇다고 치자. 죄라는 것은 인간 세상에서 법으로 판단되는 것이고 잘 피해 다니다가 죽으면 죄를 지은 사람이란 뜻도 없어진다. 그렇게 되면 인간의 양심이란 설 자리가 없다. 양심이 썩은 인간도 경찰에 체포되지만 않으면 무사한 것이다. 선악이란 것도 없다. 잘 피해 다니면 그뿐이다.

또 어떤 경우, 범죄를 저지르더라도 그 사실을 경찰이나 검찰이 알 수 없다면 그 죄는 없는 것이나 마찬가지다. 우주에는 그에게 벌을 내려줄 존재가 없기 때문이다. 세상이 과연 이렇다면 양심이니 선악이니 하는 개념은 다 없어질 것이다. 들키지 않은 범죄자, 들켰다 하더라도 잘 도망 다닌 범죄자는 무사할 수 있기 때문이다.

여러분은 이런 세상을 바라는가? 아니면 악한 사람, 죄지은 사람은 인간의 법이 아니더라도 하늘이 벌을 주는 그런 세상이길 바라는가? 벌이 없는 죄는, 그 죄 자체가 성립하지 않는다. 도덕이니 양심이니 하는 것은 공연하고 무의미한 것이 된다. 이래도 좋은가?

그럴 수는 없다. 인간에게는 분명 선악의 개념이 있고 양심도 있다. 이것은 법에 의해 정해지는 것이 아니다. 법보다 더 높은, 예컨대 하늘 같은 절대적 판단자가 정할 문제인 것이다. 연쇄 살인마가 경찰을 잘 피해 다니는 데다 우주에 그를 벌줄 존재가 없다면 어떨까? 우주는 무가치한 것이다.

그렇게 되면 인간은 선해질 필요가 없고 오로지 죄를 들키지 않거나 도망만 잘 다니면 된다. 세상을 요령껏 살면 된다. 이는 너무 허무하지 않은가? 우주의 질서는 애당초 없는 것이다. 핵무기를 장난으로 터트려서 수만, 수억 명을 죽여도 인간의 법 외에 그를 단죄할 방법이 없다면 우주는 과연 그렇게 존재해도 좋은가? 그렇지 않다. 우주는 모순이 없는 존재여야 한다. 그리고 다행히 그 증거가 있다. 과학적으로 이를 규명해보자.

주면 받게 되고 빼앗으면 주게 된다

영국의 과학자 아이작 뉴턴은 자연계를 관찰하고 연구해 우주가 질서 있게 움직인다는 사실을 발견했다. 이는 3가지 법칙으로 요약되는데 이 중에서 한 가지 법칙이 우리가 주목해야 할 내용이다. 뉴턴의 제3법칙으로 일컬어지는 '작용과 반작용의 법칙'이다. 이 법칙의 내용은 이렇다. 우주의 어떤 물체가 작용을 하게 되면 (작용), 우주는 그와 똑같이 그 물체에 작용을 가한다는 것이다(반작용). 예를 들어 우리가 벽을 밀면 벽은 그 반동으로 우리를 밀쳐낸다. 또 우리가 걸을 때 한 발로 땅을 뒤로 밀며 앞으로 나아가는데, 이때 땅은 우리의 발을 앞으로 밀어준다. 다른 예로 로켓이 가스를 분사하면 우주는 분사한 만큼 로켓을 앞으로 나아가게 밀어준다. 이렇듯 세상은 작용과 반작용으로 가득 차 있다. 손뼉을 세게 치면 양손이 다 아픈 것도 작용과 반작용의 법칙이다.

이처럼 세상은 일방적이지 않다. 상호조화를 이룬다. 이것은 우주 대자연이 공정하다는 뜻이다. 주면 받게 되고, 빼앗으면 주게 된다. 모든 것이 공평하다. 사람이 죄를 지으면 그만큼 우주로부터 되돌려 받는다. 때문에 우주는 모순 없이 잘 운행되고 있다. 운명이란 것은, 우리가 우주에 대해 작용한 것을 되돌려 받는 반작용일 뿐이다. 이러한 세상에서는 누가 특별히 이익을 더 받을 수는 없다. 준 만큼 받고, 받은 만큼 돌려줄 수밖에 없다.

몰래 남의 돈을 훔치면 당장은 이익이 되겠지만 나중에 벌을 받는다. 인간의 법이 그를 단죄하지 못해도 하늘은 반드시 잊지 않고 응징한다. 이것이 공정한 세상인 것이다. 그리고 우주 자체, 즉 하늘은 인간의 죄를 응징함으로써 우주가 더 이상 해를 입지 않도록 보존한다.

운명이란 것이 아무런 이유도 없이 생기는 것은 절대 아니다. 아무 죄가 없는 인간을 하늘이 아무렇게나 불행하게 만들 수는 없다는 뜻이다. 그러므로 운명을 달게 받아야 한다. 물론 어떤 운명은 피해갈 수 있다. 그렇게 되려면 먼저 깊은 반성이 선행되어야 할 것이고, 징조를 해석해 다가올 운명을 미리 대처해야 한다.

다행인 것은 운명을 극복할 권리가 인간에게 주어져 있다는 것이다. 하늘은 인간에게 관대하다. 죄를 지은 만큼 반성하고 하늘에 그만큼 보상한다면 하늘은 반드시 죄를 감면해줄 것이다. 앞에서 말했듯이 우주는 인간이 존재하기 때문에 존재한다. 그런 이유로 하늘은 인간에게 그리 가혹하지 않다. 인간에게 과도한 벌을 주어서 인간이 우주에서 사라진다면 하늘도 사라지기 때문이다.

우주는 인간이 바라보기 때문에 생긴 것이고 인간 또한 하늘이 살펴주기 때문에 존재할 수가 있다. 하늘이 인간에게 내리는 벌은 최소한의 벌인 셈이다. 그리고 하늘은 우주 자체를 보존하기 위해 존재하고, 이 말은 곧 하늘이 인간을 보호한다는 뜻이다. 인간은 겸손하게 운명을 받아들여야 하지만, 너무 힘들면 감면을 요구할 수 있다. 그것이 바로 운명개척이다.

어떻게 하면 나쁜 운명을 피하고 천벌을 감면받을 수 있을까? 과거로부터 해왔던 나쁜 행동을 고치고, 지난 일을 반성하며 바르게 살려고 노력해야 한다. 그러한 각성을 한 사람은 운명을 바꿀 수 있다. 하늘이 주는 벌은 인간에게 복수하기 위해서가 아니라, 오히려 인간을 선도해 더 행복하게 만들어주기 위함이다. 인간이 행복해야 온 우주도 행복하다. 하늘은 인간이 잘 알아서 나쁜 운명을 피해가길 바랄 뿐이다.

방심하지 않고 견디면
나쁜 운명도 지나갈 수 있다

앞에서 우리는 운명이 어떻게 발생하는지 살펴보았다. 다시 요약하면 여러분이 지은 죄도, 공적도 결국 여러분에게 돌아간다는 것이다. 그런데 여기서 알아야 할 것이 있다. 우리가 살아가는 모든 것이 운명인가 하는 점이다. 절대 그렇지 않다. 삶이란 운명에 관한 부분도 있고 스스로 자유롭게 창조하는 부분도 있다. 주어진 운과 스스로 만드는 운은 다르니 하늘에 진 빚을 점점 갚아나가면서 새로운 앞날은 개척할 수 있다.

　사실은 운명이 인생에서 차지하는 비율은 그리 높지 않다. 징조에 나타나는 앞날은 거대한 운명의 한 조각일 수도 있고 또는 그저 앞날의 가능성을 예고하는 것일 수도 있다. 대개 우주의 운행이 그렇게 전개된다. 주어진 운명일 경우에는 앞으로 전개될 미래가 그만큼 강하고 확실하다. 하지만 주어진 운명이 아닌 미래는 우리가 어떻게 대처하느냐에 따라 얼마든지 달라진다. 징조를 예를 들어 미래에 대처하는 요령을 살펴보자.

C는 아침에 깨어나 보니 불쾌한 일이 생겨 있었다. C의 자동차 앞부분에 흠집이 생겼다. 어젯밤에 누군가가 C의 차에 접촉사고를 낸 것이다. 사고를 낸 사람은 그냥 도망가려고 했는데 마침 이웃이 밖에 나와 있다가 그 광경을 목격했다. 그래서 이웃은 도망가려는 가해차량을 제지했고 사진을 찍어두었다. 그 가해차량 운전자는 한결같이 자기가 접촉사고를 내지 않았다고 주장했다. 목격자(이웃)가 바로 옆에서 보고 있었는데도 말이다. 그래서 그 목격자는 갈 테면 가라, 번호판을 사진으로 찍어두었으니 뺑소니로 신고하겠다고 했고, 그제야 잘못을 인정했다. 그러나 C의 차에 흠집을 낸 것은 자기가 아니고 원래부터 있었던 것이라고 계속 주장했다. 어쨌거나 사고를 낸 사람은 전화번호를 남기고 떠나갔다.

C는 아침이 되어서야 그 상황을 알게 되었고 가해자에게 전화를 걸었다. 그는 똑같은 주장을 반복했다. 스친 것은 맞지만 C의 차에 원래 흠집이 있었다는 것이다. 어쨌건 만나서 해결하자고 하며 전화를 끊었다. 그런데 마침 그날 C는 출장을 가야 해서 그를 당장 만날 수는 없었고, 부득이 다음 날 만나기로 했다.

C는 아침부터 불쾌한 마음으로 출장지로 떠났다. 그런데 출장을 간 곳에서 또 사고가 났다. 이번에는 다른 차가 C의 차의 옆구리를 받았다. C는 차에 타고 있었는데, 다행히 다치지는 않았지만 차는 약간 찌그러졌다. 그런데 이번에도 가해자는 자기가 살짝 받기는 했지만, 차에 원래 상처가 있었다고 주장하는 게 아닌가!

내 참, 사람은 다 똑같은가! C는 속으로 혀를 끌끌 차면서 차의 흠집 부분에 상대방 차량의 흰색 페인트 자국이 있는 것을 보여주며 조리 있게 설명했다. 그러나 이번에도 상대방은 막무가내였고, 큰 시비가 생길 판이었다. 이때 C의 뇌리에 스치는 생각이 있었다. 다름 아닌 지난밤의 사고였다.

C는 어제의 일도, 오늘의 일도 징조라는 것을 확연히 느끼기 시작했다. 징조의 괘상은 천풍구(☰)다. C는 《주역》을 오랫동안 공부해 징조에 대해 많이 알고 있었고, 지금의 상황을 정확하게 느끼고 있었다. C는 징조를 다시 음미하며 해석해보았다. 천풍구는 작은 사고가 큰 사고로 이어진다는 뜻이다. 접촉사고로 다투다가 더 큰 사고로 이어질 수 있음을 직감했다.

'아, 나쁜 징조다. 자칫하다가는 폭행을 당할 수도 있겠다.'

이렇게 생각한 C는 시비를 그만두었다. 차량의 흠집은 C가 수리하면 그만인 것이다. 조그만 것을 손해 보지 않으려다 큰 사고(몸의 상처)로 이어질 수 있다. C는 이 정도로 정리하고 서둘러 사고현장을 떠났다. 화는 좀 났지만 속으로 앞으로 더 나쁜 일이 있을지도 모르니 더욱 조심해야겠다고 다짐했다.

그리고 출장업무를 마치고 밤늦게 집에 돌아왔다. 천풍구의 상황은 이로써 다 끝났는가 싶었지만, 그게 아니었다. 집에 돌아와 보니 이번에는 더 큰 사건이 생겼다. 수도관이 터진 것이다. 급히 관리실에 연락하는 등 한바탕 소동이 일어났다. 다음 날 아침에는 처음 접촉사고를 낸 가해차량 주인이 또 자기는 과실이 없다고 연락을 해왔다. 주차된 차량을 들이받아 놓고서 과실이 없다니 말이 되는가! 경찰이 개입하고 보험사 직원이 오는 등 또 한 번 난리가 났다.

이 사건은 아직 결말이 나지 않고 진행 중이다. 아마도 소송까지 가야 할 것 같다. 그 과정은 번거로울 것이다. 징조의 상황은 어디까지, 어떻게 이어질지 현재로서는 알 수 없었다. 이 정도로 끝나는 것인지 아니면 더 큰 사건이 발생할지 C는 걱정이 커졌다.

천풍구의 상황은 이런 것이다. 작은 사건이 큰 사건으로 연결되거나 잠시 소란을 피하고 그 상황에서 빠져나와 끝날 수도 있다. 앞서 나온 천풍구 상황은 조심하는 것으로 끝났다. 그러나 이번 상황은 상당히 복잡하고 길게 이어지고 있다. '더 큰 일이 없으면 좋으련만' 하는 것이 C의 바람이지만, 운명이란 어떻게 이어질지 아무도 모른다. 그래도 다행스러운 일은 C가 방심하지 않고 있다는 점이다. 참고 견디면 지나갈 수도 있다. 그리고 만약 더 큰 운명이 시작된다면 이미 감지하고 있으므로 피해를 최소한으로 줄일 수 있을 것이다.

무엇보다도 경건한 마음을 갖고 매사에 조심하는 것이 중요하다. 그리고 평소 반성하며 살았는지도 살펴봐야 할 것이다. 옛사람이 말했다. 항상 절벽 위에 선 듯하라고 말이다. 세상에 많은 사건은 방심에서 비롯된다.

 천풍구
: 작은 사고가 큰 사고로 이어진다는 뜻

나쁜 운명은 가랑비처럼
소리 소문 없이 파고든다

일반적으로 말해 세상에 징조가 아닌 것이 없다. 사람은 많은 환경을 접하는데, 그 모든 것이 징조인 것이다. 다만 우리가 주변의 모든 것을 관찰하지 못하고, 그 모든 것이 가지고 있는 징조성을 해석하지 못하는 것뿐이다. 시간은 우리에게 시시각각 찾아와 세계의 다른 모습을 보여준다. 그리고 우리는 주변 공간을 이리저리 돌아다니는데 그곳에서 부딪치는 모든 것이 징조다.

징조란 시간과 공간 속에 출현하는 모든 현상이다. 우리가 그것을 느끼지 못해도 시간이 지나면 어떤 형태로든 그 정체는 드러난다. 우리는 가끔 과거의 징조를 뒤늦게 깨닫는다. '아, 그 당시에 그런 일이 있었는데, 그것이 바로 이번 사건이 발생할 것이라는

4 징조를 해석해 운명을 바꾸는 법

징조였구나!' 하는 식이다. 진작에 그 징조의 의미를 파악했다면 미래에 일어날 일을 짐작했을 텐데! 그러면 어떤 식으로든 미래를 방비할 수 있었을 것이다.

징조란 요란스럽게 다가오는 것도 있고 조용히 눈치채지 못하게 다가오는 것도 있다. 어떤 징조들은 너무나 고요해서 매일 보고 있어도 그것이 징조인 줄 모른다. 주로 어떤 것이 그런 징조에 해당할까? 바로 우리가 사는 환경 그 자체가 징조다. 우리가 사는 곳은 우리에게 미래를 보여준다. 우리는 그 속에서 살면서 주변으로부터 끊임없이 영향을 받는다. 결국 그 영향이 누적되고, 때가 되면 하나의 사건으로 나타난다.

그런데 실은 시간의 선상에서 일어나는 모든 일이 사건이다. 다만 우리는 특별히 자극적인 것만 사건이라고 부른다. 이는 잘못된 것이다. 운명이란 것은 조용히 조금씩 내리는 빗물 같아서 언제 젖는지 모르게 우리를 적신다. 소낙비는 순식간에 옷을 흠뻑 적시지만 가랑비는 당장 눈치채지 못한다. 그래서 옛말에 가랑비에 옷 젖는 줄 모른다고 하는 것이다. 이는 운명이 소리 없이 조금씩 찾아와 어느새 우리 생활 속에 자리 잡는 것을 뜻한다.

사실 운명의 세계에서 무서운 것은 바로 이것이다. 특별히 나빠진 이유를 발견하지 못했는데 어느 날 돌아보니 자신이 불행 속에서 살아가고 있다면 어떻겠는가? 나쁜 운명이 가랑비처럼 소리 소문 없이 파고든 것이다. 그러므로 항상 주변에서 어떤 느낌을 받는지 확인하고, 매사에 주의해야 한다. 미세한 징조는 딱히 드러나지 않기 때문에 느낌으로 파악할 수밖에 없다.

현재 여러분이 사는 곳의 느낌은 어떠한가? 불안한가? 아니면 잘될 것 같은 생각이 계속 일어나는가? 이에 관한 것을 구체적으로 연구한 것이 바로 풍수지리학이다. 이는 주변에서 서서히 그러나 끊임없이 우리에게 영향을 미치는 땅에 관한 연구다. 어렵게 생각할 것이 없다. 여러분이 현재 살고 있는 집이 운을 좋게 하는 곳인가? 아니면 가랑비처럼 나쁜 운명이 몰래 찾아와 운명의 옷을 적시는가? 지금 이곳으로 이사를 한 이후로 어떤 일이 있었는지를 찬찬히 생각해보라. 뭔가 하는 일마다 계속 꼬이고, 운명이 나쁜 쪽으로 흐르고 있다면, 오래 살았던 지금 이 장소를 가장 먼저 의심해야 한다.

나는 평생 이사를 많이 다녔는데, 어느 곳으로 이사하든 그 집의 모양과 풍수를 살피고 그 주변 일대를 점검했다. 그리하여 운명이 더 좋아질 만한 곳으로 선택했다. 그랬더니 정말 운명이 차츰 좋아졌다.

'사는 곳'이라는 징조는 여러 징조 중에서도 가장 영향력이 큰 징조다. 특별히 전문지식이 없어도 사는 곳, 사는 동네가 운명에 커다란 영향을 미친다는 사실을 의식하며 살아야 한다. 그것만으로도 운명을 개선하는 데 큰 힘이 된다.

운명의 흐름은
다발로 이루어져 있다

A 부부는 오랜만에 함께 나들이를 갔다. 특별히 목적지로 삼은 장소는 없었고 경치 좋은 강변을 드라이브한 것이다. 주말인데도 도로는 한가했다. A는 언젠가 가본 적이 있는 길을 따라 강변을 달렸다. 기분은 상쾌했고 날씨도 맑았다. A는 속으로 오늘 밖으로 나오길 잘했다고 생각했다. 좋은 경치를 바라보며 생각해보니 A에게 요즘은 별 근심 없는 세월이었다. 평온하고 한가한 나날을 보내고 있었던 것이다. 그래서 부부동반으로 드라이브도 나올 생각을 했다.

드라이브를 하다 보니 마침 경치를 감상할 좋은 곳을 발견했고 마음에 드는 식당도 쉽게 찾았다. 이렇게 A 부부는 한나절을 즐겁게 보내고 귀가하는 중이었다. 도로는 약간 막혔지만 차가 멈춰서

4 징조를 해석해 운명을 바꾸는 법

는 수준은 아니었다. A는 익숙한 길을 따라 귀가하는 중이었는데, 집에 가까이 올수록 길은 점점 더 정체가 심해졌다. 그래도 별일은 아니다. 이동속도가 조금 느려졌을 뿐이다. 이제 좌회전을 하면 집은 멀지 않았다.

그런데 좌회전을 해야 하는 도로가 정체가 심했다. 게다가 A는 좌회전 차선으로 들어서지 못했다. 제대로 가기에는 이미 늦었고 이제는 옆 차선으로 끼어들기를 해야만 했다. 끼어들 때는 오히려 맨 앞에서 하는 것이 유리했기에 A는 직진 차선으로 시원하게 간후에 맨 앞에서 끼어들기를 시도했다. 드디어 좌회전 차선으로 끼어들어야 할 순간, 지금부터는 뻔뻔하게 밀어그러지다고 들어가야 한다. 어디서 끼어드나 기회를 보고 있는데, 마침 옆 차량이 양보를해주었다. A는 날쎄게 끼어들었고, 양보해준 사람에게 손을 들어고마움을 표시했다. 이제부터는 앞차를 따라가면 되는 것이다.

이때 문제가 발생했다. 교통경찰이 숨어서 지키고 있다가 A의차를 콕 집어냈다. 끼어들기 단속에 걸린 것이다. 변명의 여지도없었다. 경찰관은 처음부터 A의 차를 지켜보면서 기다렸던 것이다. 결국 A는 교통위반 단속에 걸렸고, 기분 좋은 나들이의 결말이 좋지 못했다. 범칙금은 많지 않았지만 잠시 놀랐고 괜히 끼어들었나 후회했다. '막판에 이게 무슨 일이람!' A는 이렇게 생각했고 아내 역시 얼굴을 찌푸리며 남편과 경찰관을 동시에 원망했다.

이로써 하루를 망친 것인가! 이는 생각할 나름이다. 필경 아내는 벌금이 아까웠을 테고 남편은 후회했을 것이다. 갑자기 일어난 사태다. 별일 아닐 수도 있지만 순간적으로 놀랐다. 한참 동안 좋았던 기분도 위축되었다. '에이! 이게 뭐야.' A는 속으로 불평했지만 그냥 자신의 잘못일 뿐이다.

지금부터가 문제다. 잘 가던 흐름이 망가진 것은 징조이다. 징조는 이런 식으로 불쑥 찾아온다. 마치 찬물을 뒤집어쓴 것처럼 말이다. 이 징조의 괘상은 뇌택귀매(䷲)다. 이는 어떤 일이 계속되지 못하고 종래에는 사그라든다는 뜻이 있다. 사업이라면 끝까지 성공하지 못하고 도중에 망하거나 크게 성장하지 못하는 것이다. A의 경우는 운전을 잘못해서 교통위반 딱지를 뗀 것이지만, 이런 일은 그 자체만 놓고 보면 큰 충격은 아니다. 그러나 기분 좋았던 하루에 오점을 남긴 것이므로, 이로써 천지의 흐름은 얼마든지 바뀔 수 있다.

교통위반 딱지가 아닌 일반 벌금도 마찬가지다. 흐름에 충격을 주기 때문이다. 운명이란 서서히 일어나는 일은 드물고 평상시에 불쑥 끼어든다. 징조 역시 갑자기 발생하기도 한다. 시간의 흐름에 있어 갑자기 일어나는 일은 '불연속'이 발생한 것이고 이로써 나비효과가 나타날 수 있다. 그러니 사소한 일에도 매사에 조심하며 살아야 한다. A의 경우 벌금을 낸 것 그 자체는 쉽게 잊어버릴 수 있다. 하지만 앞날에 일어날 일을 예의주시해야 한다. 나쁜 일이 안 일어날 수도 있지만, 일단은 운명의 흐름에 충격을 주는 일이 끼어들었다는 데 관심을 집중해야 한다.

우연이란 사실 우연히 발생하지 않는다

운명의 흐름을 보면 운명이란 하나의 선으로 이루어진 것이 아니라 다발로 이어졌음을 알 수 있다. 그 단면은 모자이크처럼 다양하고, 그 다발의 여러 가닥을 따라 가보면 어떤 것은 도중에 사라져버리고 어떤 것은 길게 이어져간다. 그리고 또 어떤 것은 새로 운명의 다발 속으로 들어선다. 앞에서 살펴본 A의 이야기는 '운명의 끼어들기'인데, 이것이 바로 다발 속에 끼어든 새로운 운명이다.

어떤 사람은 운명의 항로가 단순하다. 또 어떤 사람은 그 항로가 아주 복잡할 수도 있다. 그리고 그것이 어떤 것이든 대개 운명의 전조가 있다. 이것을 우리는 징조라 부른다. 그런데 징조가 발생했어도 사람의 의지에 따라 그 전개 양상이 달라질 수 있다. 어떤 운명은 우리가 미리 알아차리고 사전에 방비할 수도 있다는 뜻이다.

시간의 흐름, 운명의 전개는 고집스럽지가 않다. 얼마든지 의지가 개입할 여지가 있다. 물론 어떤 운명들은 우리가 하늘에 갚아야 하는 것으로 대단히 집요하다. 하지만 이마저도 우리는 조절할 수가 있다. 그것이 바로 영혼의 힘이다.

앞에서 말했듯이, 영혼은 시공간을 초월한 존재이기 때문에 때로는 시간에 앞서 미래를 보고 그것이 싫으면 처음부터 거부한다. 그리하여 마침내 나쁜 운명을 피해가기도 하는 것이다. 시간의 흐름을 보면 그것이 자연스럽게 이루어지기도 하는데 그런 것은 운명이라고 말하지 않는다. 예를 들어 산에서 굴러떨어진 바윗덩어리는 그대로 흘러내려 가버린다. 이것은 자연과학의 대상으로 중력의 법칙이라고 부른다. 우리 사회에서 발생하는 많은 사건 사고들이 이런 식으로 발생한다. 소위 인재라고 하는 것인데 이것 역시 그때그때 발생하는 자연현상일 뿐이다.

반면 운명은 자연현상에 비해 예측이 어렵고 직선적으로 발생하지 않는다. 어떤 운명들은 소설처럼 기묘하고 어떤 것은 일부러 꾸며진 것 같은 느낌을 준다. 우리가 조심해야 할 것은 바로 이런 것이다. 세상일은 항상 새로움을 발생시키려는 압력을 받는다. 이를 우연이라고 하는데 우연이란 사실 우연히 발생하지 않는다. 발생하려고 애쓰고 애쓰다가 발생하는 것이다. 우리의 우주는 그렇게 생겼다. 이를 '불확정성'이라고 얘기하는데, 크게 보면 우주도 계획 없이 우연히, 즉 불확정적으로 발생한 것이다.

이러한 힘을 《주역》에서는 양(—) 또는 하늘의 힘이라고 한다. 이는 항상 새로움이 발생하는 원리다. 이 새로움 때문에 우리는 희망이 있다. 그러나 또한 이것 때문에 돌발적인 사건에 직면하기도 하는 것이다. 우리의 영혼은 이런 현상들을 미리 발견하는 힘이 있다. 그것은 영혼이 우주의 모든 것을 살펴보고 있기 때문이다.

다시 말하지만 영혼은 초월적 존재여서 한 곳에만 존재하지 않고 우주 전체에 퍼져 있는 듯 보인다. 내가 있는 곳, 즉 몸이 있는 곳에 영혼이 징조를 보낼 수 있는데, 이것이 바로 예감이라고 하는 것이다.

예감은 기분에 속하기 때문에 기묘한 느낌과 확신이라고 볼 수 있다. 예감이 발달한 사람은 위험을 잘 피해 갈 수 있다. 특히 위험한 일에 종사하는 사람들은 예감이 큰 힘을 발휘한다고 한다. 도박사도 예감 혹은 육감은 발달했는데, 사실 이런 힘은 우리 보통 사람에게도 존재한다. 다만 우리가 그것에 주목하지 않기 때문에 활용을 못 하는 것뿐이다. 우리는 항상 예감이 와 있는지를 살펴야 한다. 그리고 어떤 기묘한 느낌이나 기분이 도래하면, 이를 미래의 신호로 해석해야 한다. 미래란 어떤 형태로든 우리 앞에 나타나는 법이다.

뇌택귀매
: 어떤 일이 계속되지 못하고 종래에는 사그라든다는 뜻

미래에서 온
신호

P는 내가 평소에 알고 지내던 지인이다. 직업은 은행원이고 나이는 나보다 20년 정도 어렸다. 성실하고 잘생긴 사람이었다. 오랜만에 그를 만났는데, 얼굴이 편치 않아 보였다. 무슨 일이 있느냐고 물었더니 요즘 기분이 별로 좋지 않다고 했다. 평소에 나와 이런저런 얘기를 많이 나누는 사이여서 무슨 얘기든 솔직하게 털어놓고는 했다. P는 요즘 왠지 불안하고 작은 일에도 화가 자주 난다고 했다. 불안이라는 것은 원래 인간이 가지고 있는 기분이다. 삶의 맛이란 바로 불안인 것이다.

어쩌면 P가 심한 불안을 느낀다는 것은, 이제야 철이 들어가는 것일 수도 있었다. 그래서 나는 말해주었다.

4 징조를 해석해 운명을 바꾸는 법

"P차장, 불안은 별거 아니야. 누구나 조금은 불안하거든."

P는 이 말을 듣고 잠깐 찡그리더니 말을 이었다.

"선생님, 그럼 화가 나는 것은요? 그건 왜 그럴까요?"

P는 요즘 왠지 자꾸만 화가 난다고 했다. 물론 이유는 모른다. 나는 이상하게 생각했다. P는 워낙 성품이 곱고 낙천적이어서 여간해서는 화를 내는 사람이 아니었기 때문이었다. P는 왜 공연히 화가 났을까? 나도 궁금했다. 이것저것을 물어보며 화가 나는 이유를 찾아보려고 했으나 결국 알 수 없었다. 불안이 화를 일으키는 것은 아니었다. P가 자꾸 화를 내는 것은 불안 때문이 아닌 것이다. 그러고 나서 잠시 생각해보니 P의 불안과 분노는 심상치 않은 징조 같았다.

P는 나의 설명을 듣고 그럴 수도 있겠다고 납득했고, 곰곰이 생각해보더니 그럴듯한 얘기를 하나 해주었다. 자기가 며칠 후에 누구와 만나 어떤 일에 투자를 하기로 했다는 것이다. 그래서 나는 물었다.

"그 일로 불안을 느꼈나?"

그는 고개를 끄덕였다. 그 투자 건은 어느 변호사가 추천까지 해준 것인데 왠지 불안한 느낌이 든다는 것이다. 그렇다면 화는 왜 났을까? 화가 난다는 것은 문제였다. 투자를 앞두고 있으면 누구나 불안을 느낄 수 있다. 그러나 분노는 좀 이상했다. 이유 없는 분노가 지속되면 이는 진위뢰(䷲)에 해당된다.

P의 육감은 미래의 일을 감지하고 그에 대해 분노를 느낀 것이다. 미래에 일어날 일에 대한 분노! 이는 육감이 발동할 만한 징조가 틀림없었다. 진위뢰는 요동치는 현상이고 또한 분노이기도 하다. 사업이 제대로 되지 않고 시간이 지연되거나 사기를 당하는 수도 있다. 나는 P가 투자하기로 한 사람에 대해 물었다. 믿을 만한 사람이냐고. 나에게 사업의 내용을 설명할 필요는 없었다. 제일 중요한 것은 그 사업을 추천하는 사람의 인간성이다. P는 그를 믿고 있었다. 돈이 아주 많고 정직하고 똑똑한 사람이라는 것이다. 그리고 이 일은 변호사도 추천했다는 것 등을 얘기했다.

그래서 나는 다시 물었다. 선입견이나 남의 추천을 다 제외하고 다시 한번 생각해보라고 했다.

"그리고 그 사람에 대해 왠지 화가 나지는 않았는지도 잘 생각해보게."

이 말에 P는 깜짝 놀라며 고개를 끄덕였다. P 자신의 분노가 어디로 향하는지를 알게 된 것이다. 바로 그 사람! 투자를 권유했던 그에게 자기도 모르게 화를 내고 있었다. 그 자리에서 나는 단언했다. 그 사람은 사기꾼일지 모르니 좀 더 자세히 알아보라고 말이다.

P는 고개를 끄덕이고는 며칠에 걸쳐 그에 대해 폭넓게 알아보았다. 그 결과 놀라운 사실을 하나 알아냈다. 그는 다른 사람에게도

4 징조를 해석해 운명을 바꾸는 법

그 사업을 추천했고 그것이 사기 사건으로 이어져 있었다는 것이다. 심지어 그는 그 일로 고발을 당한 상태였다.

결국 P는 그 사실을 알고 투자를 접었다. 그랬더니 분노도 사라지고 불안도 없어졌다. 사기꾼을 추천했던 변호사도, 그에 대해 다시 알아보고는 투자를 취소하길 잘했다고 안도했다. P는 미래를 내다본 것이다. 사기를 당하고 화를 낼 뻔한 미래 말이다. P의 육감은 미래를 잡아내고 현재의 P에게 감정으로 알려주었다.

이처럼 육감이란 것은 P 같은 평범한 사람에게도 찾아오는 법이다. P는 투자를 권유받은 날부터 이유를 알 수 없는 화가 일었는데, 이것은 그 사람을 만난 순간 느꼈던 육감이었다. P는 나중에야 모든 것을 이해했다. 그를 처음 만나고 나서부터 불안하고 화가 났다는 것이다. 사업내용이 충실해서 투자를 결심했지만, 결국 문제가 있는 투자였고 그는 육감의 경고를 지혜롭게 해석해 불운을 피했다.

䷯ 진위뢰
: 요동치는 상태, 분노, 사업이 제대로 되지 않고 시간이 지연되거나 사기를 당한다는 뜻

결국 운명 역시
우리 자신의 책임이다

K는 착실한 가장이다. 평판도 좋았다. 그리고 이제껏 운명은 대체로 순탄한 편이었다. 좋은 직장에 다녔고, 몸도 건강했으며 가정도 평화로웠다. 그런데 어느 날 사고를 당했다. 인도를 걷고 있었는데 느닷없이 차가 올라와 덮친 것이다. 인도였기 때문에 편안히 걷고 있을 뿐 특별히 주의를 기울일 필요는 없었다. K의 뒤에서 차가 인도로 올라와 덮쳤는데 그나마 다행히 오른쪽 팔뼈가 부러진 것 외에는 크게 다치지 않았다.

차는 앞에서 달려드는 차를 피하려고 급히 핸들을 꺾었고, 그만 인도 위로 올라오게 되었다고 한다. 물론 이 사고는 100% 자동차의 과실이었다. 그 사고의 원인을 제공한 것은 반대편에서 달려든 자동차지만, 그것은 K가 알 바가 아니었다. 사고를 일으킨 것은 자동차들이지만, K가 이런 운명을 맞이하게 만든 것은 누구의 책임일까?

이것에 답하기 전에 K의 아내의 입장을 살펴보자. 아내는 남편이 크게 다치지 않은 것을 다행으로 생각했지만 마음이 몹시 상했다. 만약 남편이 그 자리에서 사망했다면 어떻게 할 뻔했을까? 항의하거나 보상을 받는다고 끝나는 문제인가? 운명이 슬픈 것이다. 물론 최악의 운명은 피했지만 아내는 슬프고 또 슬펐다. 그리고 무서웠다. 자동차가 무서운 것이 아니라 운명이 무서웠던 것이다.

이제 질문에 답해보자. K의 사고는 운명적으로 누구의 책임인가? 이런 것에도 책임을 따져야 할까? 당연히 따져야 한다. 운명은 하늘이 괜히 만들어놓은 것이 아니다. 당사자에게 그럴 이유가 있어서 그런 운명이 나타난 것이다. 당연히 그 책임은 K에게 있다. 운명의 책임 말이다. 아내와 자식들을 생각해보라. 그들은 K를 믿고 의지하면서 살아가는 중이다. 이것은 계속 유지되어야 한다. 그런데 나쁜 운명에 당하다니! 이는 무조건 당사자의 책임인 것이다.

사람은 착실하게 사는 것이 다가 아니다. 운명마저 본인이 스스로 책임져야 하는 것이다. 특히 남성이 결혼했을 때는 더욱 그렇다. 본인의 운명 때문에 처자까지 나쁜 운명에 휘말리게 해서는 안 된다.

K가 무슨 잘못을 했느냐고? 어쩔 수 없는 일 아니었느냐고? 그렇지 않다. 나쁜 운명이란 거의 모두 방심과 오만 때문에 찾아온다. K는 착실하게 살고 열심히 일하는 것으로 자신의 소임을 다했다고 믿지만, 이는 태만이며 오만이다. 사람은 누구나 평소에 운명에 대해 두려움과 겸손함, 경건함, 조심성을 가져야 한다. 착하게 열심히 살면 그만이라는 생각은 아주 불길한 징조다.

좀 더 겸손해져야 한다. 나쁜 운명이 닥치지 않도록 항상 반성하며 세상을 넓게 봐야 한다. 눈앞의 일만 보면 안 된다는 뜻이다. 언제 어떤 운명이 도사리고 있을지 모른다. 공자는 군자가 두려워해야 할 것 중에 운명을 첫째로 들었다. 이것은 운명 역시 자기 책임이라는 뜻이다.

편안한 세월이 오래가면 더욱더 운명을 생각하며 살아야 한다. 이제껏 별 탈 없이 살았으니 앞으로도 그러리라고 생각하는 것은 방심이다. 앞일은 모른다는 자세를 갖고 살아야 한다. 사람은 조심하는 것만으로도 이미 나쁜 운명에 방비하는 셈이다. 특별한 방법이 있는 것은 아니다. 경건함을 잃지 않고 가능하다면 징조도 살펴야 한다. K는 한 번의 사고로 운명을 다시 생각하게 되었을까? 그렇지 않다면 앞날에 좋은 운명만 있다는 것을 그 누구도 보장할 수 없다. 이는 하늘도 보장할 수 없는 것이다. 운명 역시 자신의 책임이라 생각하고 살아야만 하늘이 도울 수 있다.

4 징조를 해석해 운명을 바꾸는 법

우리는 미래를 알 수 있고 바꿀 수 있다

앞에서 나는 세상은 '사람이 보면 있고 안 보면 없다'는 이야기를 했다. 우리가 늘 접하고 사는 환경을 어떻게 받아들일 것이냐에 대한 이야기로 이 책을 마치려 한다. 마지막 당부로 봐주기 바란다.

우리는 환경을 접하며 살아가고, 환경은 우리를 둘러싸고 있는 현실이다. 이에 따라 행복이나 불행이 만들어진다. 우리가 애써 운명을 개척한다는 것은 다름 아닌 환경을 개선한다는 뜻이다. 부자들은 자기가 만들어놓은 돈에 의해 보호를 받는다. 즉 돈이 환경인 것이다. 가난한 사람들은 돈이 없기 때문에 언제나 불안하다. 돈이 방패막이가 되기 때문이다.

돈 외에도 환경은 그 종류가 무수히 많다. 어떤 사람이 몸이 아프다면 질병이 그의 환경인 것이다. 친구가 많다면 이 또한 그의 환경이다. 감옥에 갇혀 있는 사람은 그것이 환경이고, 적이 많은 사람은 그것이 환경이다.

그런데 여기서 중요하게 생각할 것이 있다. 우리는 환경을 느끼며 살아간다는 것이다. 환경을 느끼기 때문에 내면세계가 행복하고 불안하고, 즐겁고 슬프다. 이 또한 우리 자신의 환경인 것이다. 그러니 환경은 2가지로 크게 나눌 수 있다. 실제 환경과 그 사람이 느끼는 환경이다.

가령 어린아이들은 사회를 직접 경험하거나 느끼지 못한다. 부모를 통해서 알거나 느낄 뿐이다. 하지만 철이 들어가면서 부모의 힘에는 한계가 있다는 것을 알고 사회를 느끼기 시작한다. 어쩌면 이때부터가 한 사람의 삶이 시작되는 지점이라고 말할 수 있다. 앞서 말했듯이 여기서 주목할 것은, 실제 환경과 그것을 느끼는 환경이 존재한다는 것이다. 대개 이 2가지 환경은 하나로 귀결되지만, 사람에 따라 실제 환경과 느끼는 환경이 다를 수 있다.

성격이 무던한 사람은 바깥의 실제 환경이 나쁘더라도 크게 불안해하지 않는다. 반면 아주 사소한 일(실제 환경)이 발생해도 그것을 심하게 괴로워하며 인생 전체가 불행하다고 느끼는 사람이 있다. 소위 낙천적인 사람과 비관적인 사람이 있는 것이다. 이점이 중요하다.

마치며

그런데 우리는 실제 환경을 사실 그대로 알 수는 없다. 그저 마음으로 느끼는 것을 실제 환경이라고 여길 뿐이다. 운명에 관한 문제만 하더라도 그렇다. 조만간 큰 재앙이 닥칠 것도 모르고 편안하게 살아간다. 환경이 달라지면 그때 다시 생각하겠다는 것이 보통사람의 삶인 것이다. 당연하다. 앞날을 모르기 때문에 태연할 수밖에 없다. 그러나 이대로 좋은가? 느끼는 환경과 실제 환경이 좀 더 가깝게 맞을 필요가 있다. 미래의 환경까지도 말이다.

어려운 얘기 같지만 조금만 생각하면 방법이 있다. 간단하다. 현실이 나쁘다고 너무 괴로워하지 말고, 좋다고 너무 기뻐하지 말라는 것이다. 세상은 끊임없이 변한다. 그래서 실제 현실에 너무 깊게 빠지지 말아야 한다. 여기에 위안이 되는 한 가지 사실이 있다. 그것은 영혼의 작용이다. 우리의 영혼은 미래를 알 수 있고 또한 바꿀 능력이 있다. 이것을 더욱 발전시켜야 한다. 항상 경건한 마음을 가지고 세상을 진지하게 생각하는 것이 그 방법이다.

겸손이라는 것도 그런 작용을 한다. 사람이 너무 슬퍼하거나 너무 기뻐하지 않고 조심한다면 그 자체가 하늘에 대한 겸손이다. 평화로울 때 위기를 경계하지 않고, 괴로울 때도 새로움을 생각해야 한다. 오만함을 버리고 겸손함을 가지면 미래는 언제나 희망이 있다. 우리의 영혼이 현재의 희망을 실제로 만들기 위해 노력하기 때문이다.

신의 비밀, 징조

2021년 12월 15일 초판 1쇄 | 2023년 5월 22일 8쇄 발행

지은이 김승호
펴낸이 박시형, 최세현

책임편집 최세현
마케팅 권금숙, 양근모, 양봉호, 이주형　**온라인홍보팀** 신하은, 현나래
디지털콘텐츠 김명래, 최은정, 김혜정, 서유정　**해외기획** 우정민, 배혜림
경영지원 홍성택, 김현우, 강신우　**제작** 이진영
펴낸곳 (주)쌤앤파커스　**출판신고** 2006년 9월 25일 제406-2006-000210호
주소 서울시 마포구 월드컵북로 396 누리꿈스퀘어 비즈니스타워 18층
전화 02-6712-9800　**팩스** 02-6712-9810　**이메일** info@smpk.kr

ⓒ 김승호 (저작권자와 맺은 특약에 따라 검인을 생략합니다)
ISBN 979-11-6534-435-1 (03320)

쌤앤파커스(Sam&Parkers)는 독자 여러분의 책에 관한 아이디어와 원고 투고를 설레는 마음으로 기다리고 있습니다. 책으로 엮기를 원하는 아이디어가 있으신 분은 이메일 book@smpk.kr로 간단한 개요와 취지, 연락처 등을 보내주세요. 머뭇거리지 말고 문을 두드리세요. 길이 열립니다.